Unsterbliches Licht

Unsterbliches Licht

Ratschläge für Familien

von

Sri Mata Amritanandamayi

Mata Amritanandamayi Center
San Ramon, CA 94583, Vereinigte Staaten

Unsterbliches Licht

Herausgegeben von:
Mata Amritanandamayi Center
P.O. Box 613
San Ramon, CA 94583
Vereinigte Staaten

—————— *Immortal Light (German)* ——————

In Deutschland: www.amma.de
In der Schweiz: www.amma-schweiz.ch
In Indien: amritapuri.org
          inform@amritapuri.org

Vorwort

Es gibt eine immerwährende Wahrheit, die unveränderlich ist, auch wenn die Zeit vorübergeht. Diese Wahrheit zu erkennen, ist das Ziel des menschlichen Lebens. Von Zeit zu Zeit erscheinen in unserer Mitte *mahatmas* (große Seelen), um uns an der Hand zu nehmen und uns zu dieser Wahrheit zu führen. Angereichert mit der Süße ihrer eigenen Erfahrungen, vermitteln die *mahatmas* die Aussagen der alten Schriften auf eine Art und Weise, die der Zeit und Kultur entsprechen, in die sie geboren wurden.

Ammas Worte zeigen dem modernen Menschen, der im Ozean des *samsara* (Kreislauf von Geburt, Tod und Wiedergeburt) schwimmt, wie man den Nektar der Ewigen Glückseligkeit kosten kann. Ammas Worte sind Unsterbliches Licht. Sie führen all jene, die in der Dunkelheit der materialistischen

Illusion umherirren, zurück zum Licht des inneren Selbst.

Wenn wir auf unsere Leben schauen, dann müssen wir feststellen, dass wir nicht nur das Höchste Lebensziel vergessen, sondern auch die äußeren Bedingungen verloren haben, die erforderlich sind, um das wahre Wissen zu erlangen. Um die heutige Gesellschaft zu erwecken, eine Gesellschaft, die all ihre geistigen Werte verloren hat, ist es notwendig, die Gestaltung des Familienlebens umzuformen und Richtlinien anzubieten, die uns zu der Verwirklichung der Höchsten Wahrheit führen werden.

Diejenigen, die ihr Leben Ammas Anweisungen entsprechend leben, müssen nicht weiter auf der Suche nach dem Glück umherwandern. Das Glück wird zu ihnen kommen und nach ihnen Ausschau halten. Mit liebevoller Weisheit hat Amma einfache Regeln für das tägliche Leben aufgestellt, das *sadhana* (spirituelle Übungen), *seva* (selbstlosen Dienst am Nächsten) und *bhakti* (Hingabe an Gott) verbindet.

Wir können die Lampe, die Amma im inneren Heiligtum unseres Herzens anzündet, nur erstrahlen lassen, wenn wir täglich das Öl der spirituellen Übungen hinzufügen. Lasst uns zu Amma beten, dass sie uns hilft, das Licht in diese Zeit zu bringen, die von Dunkelheit überflutet ist.

Liebe Kinder

Der Körper ist nicht ewig. Er kann jeden Moment sterben. Nach unzähligen anderen Leben sind wir als menschliche Wesen geboren worden. Wenn wir dieses kostbare Leben verschwenden, indem wir wie die Tiere leben, dann gehen wir wieder auf der Leiter der Evolution zurück und werden wieder als Tiere geboren werden, bevor wir erneut eine menschliche Geburt erlangen.

Heutzutage ist der Geist der Menschen mit unzähligen Wünschen erfüllt. Egal wie sehr wir uns auch bemühen, diese Wünsche zu erfüllen, letztendlich werden wir nicht in der Lage sein, sie zu befriedigen. Wir vergeuden unsere Zeit damit, ständig über unsere Misserfolge nachzudenken. Aufgrund dessen verlieren wir den inneren Frieden und unsere Gesundheit leidet darunter. Wir brauchen

Frieden in unserem Denken. Das ist der größte Reichtum.

Kinder, glaubt nicht, dass Ihr ein friedvolles Gemüt durch weltlichen Reichtum erreichen könnt. Begehen nicht auch die Menschen, die in klimatisierten Häusern wohnen Selbstmord? In den westlichen Ländern gibt es großen materiellen Reichtum und alle Arten von Bequemlichkeiten. Trotzdem erleben die Menschen nicht einen Moment inneren Frieden. Glück und Leid hängen von unserem Denken ab und nicht von äußeren Dingen. Himmel und Hölle sind hier auf dieser Erde. Verstehen wir die Geschehnisse und materiellen Güter in unserem Leben richtig einzuordnen und leben wir dementsprechend, dann gibt es keinen Grund für Kummer. Das Wissen, das uns lehrt, auch im Angesicht von Hindernissen ein zufriedenes Leben auf dieser Erde zu führen, ist das spirituelle Wissen, das geistige Wissen. Das ist es, was wir als erstes erwerben sollten. Sobald wir die guten und die schlechten Seiten der Geschehnisse in unserem Leben erkannt haben, können wir uns für den Weg entscheiden, der uns zu immerwährender Freude führt. Nur wenn wir die Selbstverwirklichung anstreben, können wir immerwährende Glückseligkeit erfahren.

Glaubt nicht, dass Eure Eltern, Kinder oder Verwandten für immer bei Euch sein werden. Sie werden höchstens bis zu Eurem Tod bei Euch sein. Erkennt, dass Euer Leben nicht einfach endet, wenn Ihr 60 oder 80 Jahre in diesem Körper gelebt habt. Ihr habt noch viele andere Leben zu leben. So wie Ihr Eure Ersparnisse auf die Bank bringt, solltet Ihr Ewigen Reichtum ansammeln, solange Ihr körperlich und geistig dazu noch in der Lage seid. Dies können wir tun, indem wir die Namen Gottes rezitieren und rechtschaffen handeln.

Wenn jemand hundert gute Taten vollbringt und nur einen einzigen Fehler begeht, dann wollen die Menschen nichts mehr mit ihm zu tun haben. Wenn jemand jedoch hundert Fehler macht und nur eine gute Tat vollbringt, wird Gott ihn lieben und akzeptieren. Deshalb, Kinder, verlaßt Euch nur auf Gott. Widmet alles Ihm. Sobald die Kinder erwachsen, verheiratet und in der Lage sind, unabhängig zu sein, sollten die Eltern ihr Leben auf die Gottverwirklichung ausrichten, indem sie sich dem selbstlosen Dienst widmen und sich mit religiösen Dingen beschäftigen. Wenn möglich, können die Eltern den Rest ihres Lebens in einem Ashram verbringen. Wenn sie sich weiterhin um ihre Kinder sorgen, haben weder sie selbst noch die Kinder etwas davon. Verbringen sie hingegen ihre Tage damit, an Gott zu denken und Seinen Namen zu rezitieren, werden ihre Familien und bis zu sieben nachfolgende Generationen Nutzen daraus ziehen.

Kinder, betet mit völliger Hingabe zu Gott. Lebt, um Ihn zu erkennen. Wenn Ihr Zuflucht bei Gott sucht, werdet Ihr Ihn erreichen und auch alles andere, was Ihr benötigt. Es wird Euch an nichts fehlen. Wenn wir uns mit dem Aufseher der Vorratskammer der Palastküche anfreunden, werden wir vielleicht einen Kürbis bekommen. Wenn wir hingegen den König zufrieden stellen, wird der ganze Reichtum der Schatzkammer unser sein. Wenn wir Milch haben, dann können wir auch Yoghurt, Buttermilch und Butter herstellen. In gleicher Weise wird sich Gott um unsere spirituellen und materiellen Bedürfnisse kümmern, wenn wir Zuflucht bei Ihm suchen. Hingabe an Gott wird uns selbst, unseren Familien, und der Gesellschaft Wohlstand bringen.

Im Leben sollten Ordnung und Disziplin herrschen. Nur dann werden wir uns einer inneren Glückseligkeit erfreuen, die nicht abhängig von äußeren Umständen ist. Denkt darüber nach, wie sehr sich die Menschen anstrengen, wenn sie einen Test bestehen oder eine Arbeitsstelle bekommen wollen. Aber bis heute haben sie sich nicht bemüht, sich selbst zu erkennen, um immerwährende Glückseligkeit zu erlangen. Wenigstens die uns noch verbleibende Zeit sollte auf dieses Ziel ausgerichtet sein. Rezitiert Euer *mantra* (Gebet oder heilige Formel) ununterbrochen. Praktiziert Euer *sadhana* täglich zu einer festgelegten Zeit in Abgeschiedenheit. Geht gelegentlich zu einem *ashram* und verbringt dort einige Zeit mit stiller Rezitation des Namen Gottes (*japa*) und in Meditation. Macht für das Wohlergehen der Welt soviel selbstlosen Dienst wie möglich, so wie es die Zeit und die Umstände erlauben.

Die Existenz dieser Welt ist abhängig von Liebe. Wenn wir unser Gleichgewicht und die Fähigkeit zu lieben verlieren, dann verliert auch die Natur ihr Gleichgewicht. Die

Atmosphäre wird vergiftet und für das Gedeihen der Samen sowie das Wachsen der Bäume und Tiere nicht mehr förderlich sein. Ernten werden misslingen und Krankheiten werden sich ausbreiten. Die Regenfälle werden abnehmen, und es wird Dürren geben. Deshalb, Kinder, liebt einander! Seid rechtschaffen, liebevoll und tugendhaft, der Natur zuliebe. Dies wird zum Gleichgewicht in der Natur führen. Hegt gegenüber niemandem Ärger und Eifersucht. Seht das Gute in jedem und sprecht niemals schlecht von anderen. Seht alle als die Kinder derselben Mutter an und liebt sie als Eure Schwestern und Brüder. Gebt alle Handlungen Gott hin, und lasst Seinen Willen in allem vorherrschen.

Wenn Euch jemand über Euren spirituellen Lebensstil befragt, dann sollte Eure Antwort sein: „Sehnt sich nicht jeder danach, Frieden und Glück zu finden? Ich habe erfahren, dass Frieden und Glück erreicht werden können, indem man ein geistiges Leben führt. Warum stellst Du meine geistigen Werte in Frage? Suchst Du das Glück nicht auch überall? Sieh, wieviel Geld Du für Luxus, für Rauschmittel und Dinge ausgibst, die Du nicht wirklich brauchst! Warum stört es Dich dann, wenn ich in einen *ashram* gehe oder an spirituellen Dingen Interesse zeige?" Ihr solltet die Stärke entwickeln, derart offen zu sprechen. Seid nicht ängstlich, seid kühn! Verbringt Euer Leben damit, Euer großartiges spirituelles Erbe zu stärken.

Es ist nicht notwendig, sich wegen seines spirituellen Lebensstils zu schämen. Seid ehrlich und sagt offen: „Ich habe diesen geistigen Weg gewählt, um inneren Frieden zu erlangen. Gewöhnlich versuchen die Menschen Frieden und Glück zu finden, indem sie Häuser kaufen, heiraten und in verschiedenen Berufen arbeiten. Ich erreiche Frieden und Glück auf diesem spirituellen Weg. Mein Ziel ist es, geistigen

Frieden und Zufriedenheit zu erlangen – nicht den Himmel oder Befreiung nach dem Tod. Ermöglicht Dir Dein Lebensstil, in Frieden und Glück zu leben?"

Seid Ihr einmal in einen Bus oder ein Boot eingestiegen, braucht Ihr Eure Last nicht mehr auf dem Kopf zu tragen. Stellt Euer Gepäck ab, gebt alles Gott hin. Wenn Ihr Euer Leben in dieser Haltung der Hingabe führt, dann werdet Ihr frei von Leid sein und Gott wird immer über Euch wachen und Euch beschützen.

—Amma

Spirituelles Leben

Versucht, morgens vor fünf Uhr aufzuwachen. Die ideale Zeit für spirituelle Übungen wie Meditation und das Rezitieren von Mantren ist das *brahma muhurta* (der Zeitraum zwischen drei und sechs Uhr morgens). Während dieser Zeit sind die *sattvischen* Qualitäten (Qualitäten der Reinheit und Klarheit) in der Natur vorherrschend. Der Verstand ist klar und der Körper voll Energie. Es ist keine gute Angewohnheit weiterzuschlafen, wenn die Sonne bereits aufgegangen ist. Bleibt nicht im Bett liegen, wenn Ihr einmal aufgewacht seid, denn dies verstärkt Faulheit und Trägheit. Diejenigen, die Schwierigkeiten haben, den Schlaf sofort zu reduzieren, können dies stufenweise tun. Wer regelmäßig *sadhana* ausübt, braucht nicht viel Schlaf.

ॐ

Wenn Ihr am Morgen aufsteht, denkt daran, zur rechten Seite hin aufzustehen. Stellt Euch vor, dass Eure geliebte Gottheit oder Euer geliebter *guru* (spiritueller Meister) vor Euch steht und verbeugt Euch zu Seinen Füßen. Bleibt wenigstens fünf Minuten auf dem Bett sitzen und meditiert. Betet von ganzem Herzen: „Lieber Gott, lass mich heute ununterbrochen an Dich denken. Lass jeden meiner Gedanken, Worte und Handlungen mich Dir näher bringen! Hilf mir, dass ich niemanden, in Gedanken, Worten oder Taten verletze! Bitte, sei jeden Augenblick bei mir!"

ॐ

Plant am Morgen und am Abend wenigstens eine halbe Stunde für spirituelle Übungen ein. Nach dem morgendlichen Bad sollte die ganze Familie zusammensitzen, um zu Gott zu beten. Meditiert zu Beginn des *archana* (Rezitation der Namen der verehrten Gottheit) über

Eure verehrte Gottheit oder Euren spirituellen Lehrer und singt die Namen, die Ihn oder Sie verherrlichen. Dann singt die 108 Namen oder die 1000 Namen der Göttlichen Mutter oder rezitiert die Namen Eurer geliebten Gottheit oder Eures spirituellen Lehrers. Ihr könnt zu dieser Zeit auch Euer *mantra* rezitieren, meditieren oder Lieder zum Lobe Gottes singen.

ॐ

Gleich welche Handlung Ihr auch immer nach dem *archana* ausführt, versucht den Gedanken an Gott beizubehalten. Wann immer Ihr Euch hinsetzt oder aufsteht, verbeugt Euch an dieser Stelle. Es ist gut, wenn Ihr Euch angewöhnt, Eure Stifte, Bücher, Kleider, Gefäße und die Werkzeuge, die Ihr für Euren Beruf braucht, als mit Göttlicher Gegenwart erfüllt zu betrachten und sie mit Sorgfalt und Respekt zu benutzen. Berührt alle Gegenstände mit

Verehrung bevor Ihr sie verwendet[1]. Dies wird Euch helfen, Euch ständig an Gott zu erinnern. Wenn andere Eure Handlungen beobachten, werden sie dazu inspiriert, dieser Gewohnheit zu folgen.

ॐ

Wenn Ihr Euch begegnet, dann begrüßt Euch mit Worten, welche die Erinnerung an Gott wachrufen, so wie *„Om namah Shivaya"*, *„Hari Om"*, *„Jai Ma"*. Lehrt die Kinder, das Gleiche zu tun. *„Om namah Shivaya"* bedeutet *„Ich verneige mich vor Shiva, dem Glückverheißenden"*. Wenn wir *„Auf Wiedersehen"* sagen, dann bedeutet dies, dass wir uns trennen und auseinandergehen, wenn wir jedoch unsere

---

[1] In Indien ist es Brauch, einen Gegenstand mit dem Mittel- und Ringfinger der rechten Hand zu berühren und dann die Stirn, die Augen oder das Herz als Zeichen von Respekt.

Hände falten und uns verbeugen, kommen sich unsere Herzen näher.

ॐ

Nutzt jede freie Minute im Büro und auch anderswo, um Euer *mantra* zu rezitieren oder spirituelle Bücher zu lesen. Vermeidet unnötigen Klatsch. Versucht mit anderen über geistige Themen zu reden. Haltet Euch unter allen Umständen von schlechter Gesellschaft fern.

ॐ

Es ist eine gute Angewohnheit, Tagebuch zu führen, bevor man abends zu Bett geht. Ihr könnt in Eurem Tagebuch aufschreiben, wieviel Zeit Ihr dem *sadhana* gewidmet habt. Schreibt Euer Tagebuch so, dass es Euch hilft, Eure Fehler zu sehen und sie zu korrigieren. Es sollte keine bloße Aufzählung der Fehler der anderen oder Eurer täglichen Handlungen sein.

ॐ

Bevor Ihr schlafen geht, setzt Euch wenigstens fünf Minuten auf das Bett und meditiert. Verneigt Euch vor Eurer Gottheit oder Eurem Meister. Ihr könnt Euch vorstellen, wie Ihr die Füße Eurer gewählten Gottheit in Euren Händen haltet. Betet dann aus vollem Herzen: „Lieber Gott, bitte vergib all das Unrecht, das ich heute wissentlich oder unwissentlich, begangen habe. Bitte gib mir die Stärke, dass ich widerstehen kann, diese Fehler zu wiederholen." Ihr könnt Euch vorstellen, wie Ihr mit Eurem Kopf auf dem Schoß oder an den Füßen Eurer geliebten Gottheit oder Eures *guru* liegt, oder dass die Gottheit in Eurer Nähe sitzt. Wiederholt in Gedanken Euer *mantra*, während Ihr in den Schlaf hinübergleitet. Wenn Ihr dies tut, behaltet Ihr die Erinnerung an das *mantra* ununterbrochen aufrecht, auch während des Schlafs. Lehrt Eure Kinder, diese Gewohnheit anzunehmen. Bringt ihnen auch bei, immer zur gleichen Zeit zu Bett zu gehen und zur gleichen Zeit aufzustehen.

ॐ

Es ist sehr nützlich, täglich zwei Stunden zu schweigen. Wenn Ihr darüber hinaus in der Lage seid, jede Woche einen Tag lang zu schweigen, dann wird dies Eurem spirituellen Fortschritt zugutekommen. Nun könntet Ihr fragen: „Aber ist denn nicht der Geist mit zahllosen Gedanken beschäftigt, selbst wenn ich nicht spreche?" Stellt Euch vor, wie Wasser von einem Damm gestaut wird. Es gibt Wellen im Wasser, aber es geht kein Wasser verloren. Genauso verhält es sich, wenn wir schweigen. Unsere Energie geht nur minimal verloren, auch wenn Gedanken in unserem Geist auftauchen. Durch das Reden verlieren wir vermehrt unsere Lebensenergie. Die Lebensspanne einer Taube, die immer gurrt, ist kurz, während die stille Schildkröte lange lebt. Gottes Namen zu wiederholen, ist kein Hindernis für das Schweigegelöbnis. Schweigen vermindert weltliche Gedanken und weltliches Gerede.

ॐ

Ein *sadhak* (jemand, der eine spiritueller Praxis ausübt) wird seine Zeit weder mit dummem Geschwätz verschwenden, noch wird er mit anderen in einem harschen Ton sprechen. Diejenigen, die immer der Neigung nachgeben, Fehler in anderen zu finden, werden niemals spirituellen Fortschritt machen. Verletzt niemanden durch Gedanken oder Taten. Seid mitfühlend gegenüber allen Wesen. *Ahimsa* (Gewaltlosigkeit) ist das höchste *dharma* (Pflicht).

ॐ

Habt Ehrfurcht vor allen großen Meistern, Mönchen und *gurus*. Wenn sie zu Euch nach

Hause kommen, empfangt sie mit dem gebüh-
renden Respekt und Gehorsam. Nur durch
Eure Demut, Eure Hingabe und Euren Glauben werdet Ihr Ihres Respekts würdig, nicht
durch Euren Pomp und Eure Show und auch
nicht allein durch ein traditionelles Ritual.

ॐ

Hört nicht auf diejenigen, die schlecht über
spirituelle Meister und Weise sprechen. Gebt
niemals der Neigung nach, abfällig über
jemanden zu reden oder solchem Gerede
zuzuhören. Wenn Ihr negative Gedanken über
andere hegt, dann wird Euer Verstand unrein.

ॐ

Nehmt Euch täglich etwas Zeit, um spirituelle
Bücher zu lesen. Dies ist auch eine Form des
satsang (Gemeinschaft mit Heiligen). Habt
immer ein Buch der Lehren Eures *guru* oder ein
Buch wie die *Bhagavad Gita, das Ramayana,*

die Bhagavata, die Bibel oder *den Koran* zum täglichen Lesen bei Euch. Lernt jeden Tag wenigstens eine Zeile daraus auswendig. Lest zusätzlich andere geistige Bücher, wenn es die Zeit erlaubt. Das Studium der Biographien großer Meister und ihrer Lehren hilft dabei, sich im Verzicht zu üben und vereinfacht das Verstehen der geistigen Prinzipien. Gewöhnt Euch an, Notizen zu machen, während Ihr lest oder spirituellen Vorträgen zuhört. Diese Notizen werden Euch in der Zukunft von Nutzen sein.

ॐ

Betet für das Wohlergehen eines jeden. Betet zu Gott, dass er all jene segnet, die Euch verletzen wollen und dass Er sie bessern möge. Man kann nicht gut schlafen, wenn ein Dieb in der Nachbarschaft ist. Wenn Ihr um das Wohlergehen der anderen betet, seid Ihr es, die Frieden und Stille erlangen. Rezitiert jeden Tag für den Frieden in der Welt das *mantra*, „*Lokaha samasthaha sukhino bhavantu!*" (Mögen alle Wesen in allen Welten glücklich sein!)

ॐ

Verankert Euer Leben fest in der Wahrheit. Haltet Euch fern von Lügen. In diesem dunklen Zeitalter des Materialismus (*kali yuga*), ist das Festhalten an der Wahrheit die größte Askese. Ihr mögt hin und wider lügen müssen, um jemanden zu schützen oder um das *dharma* zu stärken, doch achtet sehr darauf, nicht für eigene selbstsüchtige Zwecke zu lügen.

ॐ

Dein Herz ist der Schrein, in dem Gott wohnt. Gute Gedanken sind die Blumen, die Du Ihm darbringst. Gute Taten zeigen die Verehrung Gottes, gute Worte bilden die Hymnen, die zum Ruhme Gottes erklingen, und Liebe ist die heilige Speisung.

ॐ

Im Zustand des Gottesbewußtseins gibt es weder Innen noch Außen. Dennoch ist es besser, auf eine Form Gottes im Herzen zu meditieren. Dies wird Euch helfen, Konzentration zu erlangen.

ॐ

Meditation heißt nicht, einfach nur mit geschlossenen Augen dazusitzen. Seht jede Handlung als Gottesdienst an. Dann werdet Ihr dazu in der Lage sein, Seine Präsenz überall zu erfahren.

ॐ

Wenn Ihr Radio hört, fernseht, oder ins Kino geht, benützt Euer Unterscheidungsvermögen. Entscheidet Euch nur für Programme, die Euer Wissen und Eure Tugenden fördern. „Television" ist „*tele-visham*" („*visham*" bedeutet Gift in *Malayalam*, Ammas Muttersprache). Wenn wir nicht vorsichtig sind, kann das Fernsehen unsere Kultur negativ beeinflussen und unsere Augen verderben. Darüber hinaus verschwenden wir unsere Zeit damit.

ॐ

Wir brauchen einen friedvollen Geist. Wir können ihn nur durch die Kontrolle unserer Gedanken erreichen.

ॐ

Wir sollten die Fehler anderer vergeben und vergessen. Wut ist der Feind eines jeden spirituellen Schülers. Wut verursacht einen Energieverlust durch jede Pore unseres Körpers. Wenn wir versucht sind, wütend zu werden, ist es wichtig, dieses Gefühl unter Kontrolle zu bringen und fest entschlossen „Nein" zu sagen. Geht an einen abgelegenen Ort und rezitiert Euer *mantra*. Die Emotionen werden sich dann ganz von selbst beruhigen.

ॐ

Diejenigen, die nicht verheiratet sind, sollten ihre Lebensenergie bewahren, indem sie sich in Enthaltsamkeit üben. Um die Energie, die Ihr durch Enthaltsamkeit erlangt in *ojas* (die feinstoffliche Form der Lebensenergie) zu transformieren, müsst Ihr spirituelle Übungen machen. Durch die Zunahme der sogenannten Ojas-Energie verbessert Ihr Eure Gesundheit und Eure Schönheit und Ihr werdet außerdem anhaltenden geistigen Frieden erlangen.

ॐ

Fortschritt ist nur mit Disziplin möglich. Eine Nation, Institution, Familie oder ein Individuum kann nur Fortschritte machen, wenn die Worte derer beachtet werden, die Respekt verdienen, und wenn die geeigneten Regeln und Vorschriften eingehalten werden. Gehorsam ist keine Schwäche. Gehorsam verbunden mit Demut führt zu Disziplin.

ॐ

Ein Same muss in die Erde gepflanzt werden, damit seine wirkliche Form als Pflanze entstehen kann. Nur durch Bescheidenheit und Demut können wir wachsen. Stolz und Hochmut werden uns zerstören. Lebt in der festen Überzeugung, „Ich bin der Diener von allen." Dann wird sich das gesamte Universum vor Euch verneigen.

ॐ

Welche Bedeutung hat unser Leben, wenn wir nicht wenigstens einmal am Tag, an einer von vierundzwanzig Stunden an Gott denken? Denkt daran, wieviele Stunden wir mit Zeitung lesen, Geschwätz und mit anderen unnützen Handlungen verbringen! Wir können ganz sicher eine Stunde am Tag für *sadhana* aufbringen, wenn wir es wirklich wollen. Das ist unser wahrer Reichtum. Wenn wir keine Stunde am Stück haben, dann sollten wir morgens und abends eine halbe Stunde für Gott reservieren.

ॐ

Meditation steigert die Vitalität und Intelligenz. Schönheit und geistige Klarheit nehmen zu, die Gesundheit verbessert sich und wir erlangen mehr geistige Kraft und Geduld, um den Problemen des Lebens ins Auge zu sehen. Meditiert! Nur durch Meditation können wir den Reichtum finden, nach dem wir suchen.

ॐ

Tägliche Yogaübungen wie das *suryanams-kara* (Sonnengebet) sind sehr gut für die Gesundheit und für das *sadhana*. Mangel an richtiger Bewegung ist die Ursache für viele Krankheiten in der heutigen Zeit. Geht immer zu Fuß, wenn Ihr genügend Zeit habt, einen bestimmten Ort rechtzeitig zu erreichen. Dies ist eine gute Übung. Nehmt nur, wenn Ihr sehr weit gehen müßt, ein Fahrzeug. Wenn möglich, benutzt ein Fahrrad. Das wird Euch zusätzlich Geld sparen.

ॐ

Besucht von Zeit zu Zeit mit Euren Familienmitgliedern Armen-, Waisen- und Krankenhäuser. Bietet Eure Mitarbeit an und kümmert Euch um das Wohl der Bewohner. Ein Wort mit Liebe und Mitgefühl gesprochen, wird mehr Trost geben als jede Geldspende. Das wird Eure Herzen öffnen.

ॐ

Versucht, wenigstens zwei oder drei Tage im Monat in einem *ashram* zu verbringen. Schon das Einatmen der reinen Luft an diesem Ort, wird Eure Körper reinigen und Euren Geist stärken. Dies kann mit dem Aufladen einer Batterie verglichen werden. Sogar nachdem Ihr wieder Zuhause seid, werdet Ihr in der

Lage sein, mit der Meditation und dem *japa* fortzufahren.

ॐ

Archana

(Gottesverehrung)

Am Morgen sollten die Familienmitglieder zusammen das *archana* durchführen, nachdem sie ein Bad genommen haben. Wenn es nicht möglich ist, dass sich alle zusammen hierfür einfinden, dann reicht auch das individuelle Durchführen des *archana* aus. Wenn es die Umstände nicht erlauben, dass Ihr ein Bad nehmt, dann wascht wenigstens das Gesicht und die Hände, aber unterbrecht nicht die tägliche Praxis des *archana*.

ॐ

Manche Frauen machen die Erfahrung, dass sie während ihrer monatlichen Periode vermehrt negative Gedanken haben. In dieser Zeit ist es deshalb besonders wichtig, das *mantra* zu rezitieren. In Indien ist es traditionellerweise üblich, dass die Frauen während ihrer Periode nicht zusammen mit den anderen am Gottesdienst teilnehmen. Sie sitzen etwas abseits und rezitieren ihr *mantra* oder das *archana*. Es gibt Menschen, die glauben, dass Frauen die Tausend Namen der Göttlichen Mutter in dieser Zeit nicht rezitieren sollten. Amma versichert jedoch, dass Frauen keinen Fehler begehen, wenn sie dies tun. Die Göttliche Mutter hört nur auf die Sprache des Herzens.

ॐ

Wenn möglich, sollte niemand im Haus während des *archana* schlafen. Wenn Ihr Euch schläfrig fühlt, dann steht auf und macht stehend weiter. Denkt immer daran, dass die subtile Form Eurer geliebten Gottheit anwesend ist, während Ihr das *archana* rezitiert. Deshalb steht während des *archana* nicht plötzlich auf oder geht weg und fangt auch nicht an, über andere Dinge zu reden.

ॐ

Es ist nützlich, während des *archana* ein
Bild der geliebten Gottheit vor sich zu stellen. Meditiert fünf Minuten, bevor Ihr mit
dem *archana* beginnt. Visualisiert zunächst
die geliebte Gottheit vom Kopf bis zu den
Füßen und dann erneut von den Füßen bis
zum Kopf. Stellt Euch vor, wie die Gottheit
aus dem Lotus Eures Herzens hervorkommt,
um sich auf einem speziellen Sitz vor Euch
niederzulassen. Bringt in Gedanken den
Füßen Eurer geliebten Gottheit Blüten dar,
während Ihr die Mantren rezitiert. Stellt Euch
in Eurem Herzen einen Baum in voller Blüte
vor, von dem Ihr weiße Blumen pflückt, um
sie Gott darzubringen. Wann immer keine
echten Blumen vorhanden sind oder nicht in
ausreichender Menge, könnt Ihr das *archana*
mit den geistigen Blumen (*manasa pushpam*)
Eures Herzens durchführen. Solche Blumen,
mit Hingabe dargebracht, sind dem Herrn am

allerliebsten. Die Blumen des Herzens sind Demut, Ergebenheit und Hingabe.

ॐ

Was immer uns am meisten bindet, was immer uns am liebsten ist, das sollten wir Gott anbieten. Gibt nicht eine Mutter Ihrem Kind, was immer sie für das Beste hält?

ॐ

Etwas *pranayama* (Atemübungen) vor dem *archana* zu praktizieren, hilft uns, Konzentration zu erlangen. Sitzt aufrecht, schließt das rechte Nasenloch, atmet durch das linke Nasenloch ein, dann atmet durch das rechte Nasenloch aus, während Ihr das linke Nasenloch schließt. Jetzt atmet durch das rechte Nasenloch ein und atmet durch das linke aus. Das ist eine Runde *pranayama*. Wiederholt dies dreimal. Während Ihr einatmet, stellt Euch vor, wie Ihr Euch mit allen Tugenden füllt. Während Ihr ausatmet, stellt Euch vor, wie alle negativen Eigenschaften, schlechten Gedanken und üblen *vasanas* (Tendenzen) Euch in Form von Dunkelheit verlassen.

ॐ

Akshata, ganzkörniger, geschälter Reis, gewaschen und getrocknet, gemischt mit ein wenig Turmerikpulver und ein oder zwei Tropfen geklärter Butter (*ghee*), kann für das *archana* an Stelle von Blumen verwendet werden. Nach dem *archana* kann man den Reis sammeln und ihn dem Getreide- oder Reisgericht beigeben, das man gerade kocht.

ॐ

Wenn Ihr das *archana* in einer Gruppe singt, dann sollte eine Person das *mantra* rezitieren und die anderen es wiederholen. Die Mantren werden langsam, deutlich und mit Hingabe rezitiert. Beim Rezitieren der 108 Namen von Mata Amritanandamayi wiederholt die Gruppe nach jedem Namen das *mantra "Om Amriteshwaryai Namaha"*. Beim Rezitieren des *Lalita Sahasranama* (Tausend Namen der Göttlichen Mutter) kann die Gruppe jeden Namen wiederholen. Am Anfang wird nicht jeder dazu in der Lage sein jeden Namen zu wiederholen. In diesem Fall kann auf das Vorsingen der Mantren mit *"Om Parashaktyai Namaha"* oder *"Om Sivasaktyaikya Rupinyai Namaha"* geantwortet werden[2].

ॐ

Steht am Ende des *archana* nicht unmittelbar auf. Die geliebte Gottheit, die sich in Eurer Vorstellung vor Euch auf einem speziellen Sitz niedergelassen hat, sollte zunächst von Euch wieder in Eurem Herzen installiert werden.

---

[2] Wenn man das archana mit den 108 Namen Ammas ausführt, können die anderen das Mantra "Aum Amriteswaryai Namaha" als Antwort rezitieren.

Sobald Ihr die Form Eurer geliebten Gottheit wieder in Eurem Herzen sitzen seht, meditiert für einen kurzen Augenblick. Wenn es die Zeit erlaubt, ist es gut, zwei oder drei *kirtans* zu singen. Haltet den Geist nach der Gottesverehrung noch eine Weile ruhig, damit sich die volle Wirkung der Mantren entfalten kann. In gleicher Weise rät man einem Patienten, der eine Spritze bekommen hat, noch einige Minuten auszuruhen, damit die Medizin sich im Körper gut verteilen kann.

ॐ

Verbeugt Euch am Ende des *archana* und steht auf. Bleibt an der Stelle stehen und dreht Euch dreimal nach rechts um Euch selbst, dann verbeugt Euch vor Eurer geliebten Gottheit. In Indien ist es Tradition, den Tempel, den Sitz der geliebten Gottheit, ehrerbietig dreimal im Uhrzeigersinn zu umrunden. Dies ist ein Zeichen der Hingabe und symbolisiert gleichzeitig die Bitte um Vergebung der bewusst und unbewusst gemachten Fehler.

ॐ

Die Blumen, die für das *archana* benutzt wurden, können unter einen Baum oder irgendwo in den Hof oder Garten gestreut werden, wo niemand auf sie treten kann.

ॐ

Wenn wir das *archana* der Tausend Namen der Göttlichen Mutter jeden Tag mit Hingabe singen, dann werden wir spirituell wachsen. Eine Familie, die das *Lalita Sahasranama* mit Ergebenheit rezitiert, wird niemals einen Mangel an lebensnotwendigen Dingen wie Nahrung und Kleidung erleben.

ॐ

Seht jeden Namen als den Namen Eurer geliebten Gottheit an. Stellt Euch vor, dass

Er oder Sie sich in all diesen verschiedenen Formen zeigt. Wenn Eure geliebte Gottheit *Krishna* ist, dann stellt Euch vor, dass *Krishna* in der Form von *Devi* vor Euch erschienen ist. Denkt nicht, dass *Krishna* es nicht mag, wenn Ihr die Namen von *Devi* rezitiert. Diese Unterschiede existieren in der göttlichen Welt nicht.

ॐ

Japa

(Rezitieren)

Im derzeitigen dunklen Zeitalter des Materialismus ist das Rezitieren des *mantra* (*japa*) der leichteste Weg, um innere Reinigung und Konzentration zu erlangen. *Japa* kann zu jeder Zeit, überall, ohne irgendwelche Regeln hinsichtlich der Reinheit von Körper und Geist beachten zu müssen, ausgeübt werden. *Japa* kann man praktizieren, während man mit jeder Art von Aufgabe beschäftigt ist.

ॐ

Wenn Ihr beschließt, das *mantra* täglich zu rezitieren, und die Anzahl der Wiederholungen des *mantra* festlegt, dann wird dies helfen, die Gewohnheit des *japa* zu pflegen. Habt immer einen Rosenkranz (*mala*) für das *japa* bei Euch. Ein Rosenkranz kann aus 108, 54, 27 oder

18 Perlen aus *Rudrakshasamen*, Tulasiholz, Kristallen, Sandelholz oder Edelsteinen etc. mit einer *guru*-Perle (Hauptperle) bestehen. Legt die Anzahl der Rosenkränze fest, welche die Zahl der Mantren ergeben, die Ihr täglich rezitieren wollt. Rezitiert das *mantra* stets in Eurem Geiste, während Ihr geht, auf Reisen seid oder arbeitet. Es ist ratsam, ein *mantra* von einem selbstverwirklichten Meister (*satguru*) zu bekommen. Bis dahin könnt Ihr das *mantra* Eurer geliebten Gottheit wiederholen wie „*Om namah Shivaya*", „*Om Namo Bhagavate Vasudevaya*", „*Om Namo Narayanaya*", „*Hare Rama Hare Rama, Rama Rama Hare Hare, Hare Krishna Hare Krishna, Krishna Krishna Hare Hare*", „*Hari Om*", „*Om Parashaktyai Namaha*", „*Om Shivashaktyaikya Rupinyai Namaha*" oder auch den Namen von Jesus, Allah oder Buddha.

ॐ

Versucht, keine Pausen beim Rezitieren des *mantra* entstehen zu lassen, nicht einmal für einen Moment. Fahrt fort das *mantra* zu rezitieren, während Ihr mit aller Art von Arbeit beschäftigt seid. Nur im Geiste zu rezitieren, wird am Anfang vielleicht nicht immer möglich sein, deshalb solltet Ihr am Anfang Eure Lippen dabei unaufhörlich bewegen, so wie ein Fisch, der Wasser trinkt. Wenn man das *japa* aufrechterhält, dann ist kein sinnloses Reden während des Arbeitens möglich. Der Geist wird immer friedvoll bleiben. Heutzutage sind fast alle Krankheiten psychosomatisch. *Japa* wirkt sich positiv auf die geistige und körperliche Gesundheit aus.

ॐ

Wenn das Rezitieren des *mantra* während einer bestimmten Aufgabe nicht möglich ist, dann betet, bevor Ihr anfangt: „Herr, bitte gib Deinen Segen, so dass ich diese Arbeit auf

eine Art und Weise tun kann, die Dir gefällt!"
Am Ende betet erneut zum Herrn, dass er
jegliche Fehler verzeiht, die Ihr während der
Arbeit möglicherweise begangen habt, bewußt
oder unbewußt. Wenn Ihr Euer Geld verliert,
während Ihr auf Reisen seid, denkt daran, wie
fanatisch Ihr danach sucht! Seid gleichermaßen betrübt, wenn Ihr nicht dazu in der Lage
seid, mit dem *japa* fortzufahren, selbst wenn
es nur für einen kurzen Moment ist. Denkt:
„Oh Gott, ich habe so viel Zeit verloren!"
Wenn solcher Schmerz vorhanden ist, dann
wird selbst die Zeit, in der wir schlafen, nicht
verschwendet sein.

ॐ

Wenn wir eine Million Dollar verlieren,
können wir diese wieder ersetzen. Wenn wir
jedoch nur eine Sekunde verlieren, können wir
diese nicht zurückbekommen. Jeder Moment,

in dem wir uns nicht an Gott erinnern, ist für uns verloren.

ॐ

Es ist eine gute Übung, pro Tag wenigstens eine Seite des Tagebuchs mit dem *mantra* zu füllen. Viele Menschen bekommen beim Schreiben eine bessere Konzentration als beim Rezitieren. Versucht auch den Kindern anzugewöhnen, das *mantra* zu rezitieren und das *mantra* sauber zu schreiben. Das wird ihnen helfen, Ihre Handschrift zu verbessern. Das Buch in welches das *mantra* geschrieben wird, sollte nicht einfach so herumliegen. Bewahrt es sorgfältig in Eurem Meditations- oder Andachtsraum auf.

Tempel

Tempel sind Orte, wo wenigsten für eine kurze Zeit die Erinnerung an Gott in unseren Herzen erweckt wird. Ansonsten sind unsere Gedanken fast ständig in weltlichen Geschäften verstrickt. Wir sollten aber nicht bis zum Ende unseres Lebens an Tempelrituale gebunden bleiben. Wenn wir dazu in der Lage sind, täglich *japa* und Meditation zu praktizieren, selbst wenn wir keine Tempel besuchen, dann kann uns nichts passieren. Können wir dagegen den Herrn nicht fest in unserem Herzen verankern, dann bringt uns sogar das lebenslange Aufsuchen von Tempeln nichts.

ॐ

Geht nicht mit leeren Händen zu einem Tempel oder zu einem spirituellen Meister. Bietet etwas als ein Symbol Eurer Hingabe an, auch wenn es nur eine Blume ist.

ॐ

Es besteht ein großer Unterschied zwischen
dem Darbringen einer Blumengirlande, die in
einem Geschäft gekauft wurde, und einer, die
wir selbst aus Blumen, die im Garten unseres
Hauses erblühten, gemacht haben. Wenn wir
die Blumen pflanzen, sie gießen, sie pflücken,
eine Blumengirlande daraus machen und zu
einem Tempel bringen, dann sind nur Gedanken an Gott in unserem Geiste lebendig. Der
Herr akzeptiert alles, was Ihm mit großer Liebe dargebracht wird. Wenn wir eine Girlande
in einem Geschäft kaufen und sie der Gottheit
darbringen, dann ist es nur ein förmlicher Akt,
während die andere Girlande eine Girlande
der reinen Hingabe ist und die Handlung ein
Akt der Liebe.

ॐ

Wenn Ihr zu einem Tempel geht, dann beeilt
Euch nicht den *darshan* (Anblick des Herrn) zu

bekommen, einige Gaben zu überbringen und nach Hause zurückzugehen. Bleibt für einige Zeit geduldig in Stille stehen und versucht, die geliebte Gottheit in Eurem Herzen zu visualisieren. Wenn es möglich ist, setzt Euch hin und meditiert. Bei jedem Schritt denkt daran, *japa* zu machen. Es sind nicht die Opfergaben und die Form der Verehrung, die der Herr am liebsten hat, sondern es sind die Gaben, die wir Ihm in unserem Herzen darbringen.

ॐ

Man sagt, dass wir dem Tempel etwas spenden oder zu Füßen des *guru* etwas darbringen sollten. Dies kommt nicht daher, weil Gott Reichtum oder irgendetwas anderes von uns braucht. Wirkliches Geben ist ein Akt der Hingabe des Geistes und des Intellekts. Wie können wir das tun? Wir können unseren Geist nicht einfach so hingeben, sondern nur die Dinge, an denen er anhaftet. Heutzutage ist der Geist sehr mit Geld und anderen mondänen Wünschen verhaftet. Indem wir solche Gaben und Gedanken zu Füßen des Herrn legen, geben wir Ihm unser Herz. Das ist das Prinzip des Gebens von milden Gaben.

ॐ

Manche glauben, dass *Shiva* nur in *Kashi* oder *Krishna* nur in *Vrindavan* zu finden sind. Beschränkt Gott nicht auf die vier Wände eines Tempels oder auf irgendeinen Ort. Er ist allmächtig und allgegenwärtig. Er kann jede Form Seiner Wahl annehmen. Bemüht Euch, Eure geliebte Gottheit in allem zu sehen. Wirkliche Hingabe ermöglicht es, die Form Gottes nicht nur im Tempel wahrzunehmen, sondern auch in allen Lebewesen und ihnen entsprechend zu dienen. Wenn Eure geliebte Gottheit *Krishna* ist, dann bemüht Euch *Krishna* in allem zu sehen, in jedem Tempel, ganz gleich ob der Tempel *Shiva* oder *Devi* geweiht ist. *Shiva* ist nicht verärgert, wenn wir Ihn nicht in einem *Shiva*-Tempel verehren. Auch wird die Göttliche Mutter uns Ihren Segen nicht vorenthalten, wenn wir Sie nicht in einem *Devi*-Tempel verehren. Ein und dieselbe Person wird „Ehemann" von der Frau, „Vater" vom Sohn und „Bruder" von der Schwester genannt. Ihr könntet Euch fragen: „Wird *Keshava* antworten, wenn wir ihn *Madhava* rufen?" Aber hier ruft Ihr nicht ein gewöhnliches Individuum an, Ihr wendet Euch an den allwissenden Herrn. Eine Person verändert sich nicht, auch wenn sie von anderen mit unterschiedlichen Namen angesprochen wird. Genauso sind alle Göttlichen Namen die Namen des einzigen Höchsten Wesens, aus dem alle Formen hervorgegangen sind. Er kennt Euer Herz. Er weiß, dass Ihr nach Ihm ruft, egal welchen Namen Ihr Ihm gebt.

ॐ

Wir gehen zu einem Tempel, umrunden ehrerbietig das Heiligtum und geben unsere Spende in die Spendenschachtel. Wenn wir auf unserem Weg hinaus jedoch an der Tür einen Bettler treten, wo ist dann unsere Ergebenheit? Mitgefühl für die Armen ist unsere Pflicht gegenüber Gott. Wir sollten nicht jedem Bettler, der vor dem Tempel sitzt, Geld geben. Wir dürfen sie aber auch nicht verachten. Betet auch für sie. Wenn wir andere hassen, dann verunreinigt dies unser eigenes Gemüt. Gleichmut in der Sichtweise ist Gott.

ॐ

Tempelfesttage sind dazu gedacht, das spirituelle und kulturelle Bewusstsein in den gewöhnlichen Menschen zu erwecken. Heutzutage dienen die Programme, die mit den Tempelfesten verbunden sind, jedoch häufig nicht Ihrem eigentlichen Zweck. Auf dem Tempelgelände sollten nur solche Programme abgehalten werden, welche die Spiritualität in uns fördern. Die Luft des Tempels sollte vibrieren mit Göttlichen Namen. Sind wir einmal auf dem Tempelgelände, dann sollten wir alles nutzlose Gerede beenden. Unser Geist sollte von selbst vollkommen in Gedanken an Gott eintauchen. Die Heiligkeit von Tempeln wiederzuerwecken, ist die Verantwortung aller Familien. Deshalb sollten diejenigen, die sich Sorgen um unser spirituelles Erbe machen, mit Tempelkomitees zusammenarbeiten, um Abhilfe für den derzeitigen, bemitleidenswerten Zustand zu schaffen.

ॐ

Viele Priester und Angestellte von Tempeln arbeiten gegen Bezahlung. Urteilt niemals über eine Religion nur weil Ihr die ungenügenden Leistungen dieser Arbeiter seht. Es ist unsere Verantwortung eine reine Atmosphäre aufzubauen, damit niemand in Versuchung geführt wird, unehrlichen Wegen zu folgen. Die wahren wegweisenden Lichter einer Religion sind diejenigen, die sich dem selbstlosen Dienst am Nächsten verpflichten und Ihr ganzes Leben der Erlangung des Einswerdens mit Gott widmen.

ॐ

Es sind die Menschen, welche den Tempelbildern Macht und Leben geben. Wenn niemand den Stein formt, kann er nicht zu einer Skulptur werden. Wenn niemand die Skulptur in einem Tempel aufstellt, kann sie nicht geheiligt werden, und wenn die Menschen das Bildnis nicht verehren, wird es nicht an Kraft gewinnen. Ohne menschliche Anstrengung gäbe es keine Tempel. Ein Tempelbildnis, das von einem wahren geistigen Meister installiert wurde, der das Einssein mit Gott erreicht hat und daher mit Gott gleichgestellt werden kann, hat eine besondere Kraft.

ॐ

In der Antike gab es keine Tempel. Es gab nur die Nachfolge der *gurus* und Schüler. Die Tempelanbetung war für die einfachen Menschen gedacht. Wir lehren Kinder, die blind sind, die Blindenschrift zu schreiben und lesen. Man könnte sich fragen, warum wir dies tun, warum wir sie nicht wie andere Kinder unterrichten. Dies wäre nicht möglich, weil sie auf die für sie geeignete Art und Weise unterrichtet werden müssen. Ebenso benötigen die Menschen dieses Zeitalters die Tempelverehrung, um eine Möglichkeit zu haben, Ihre Gedanken auf Gott auszurichten.

ॐ

Ihr braucht nicht große Türme zu errichten, wenn Ihr das Bedürfnis habt, einen Tempel zu renovieren. Worauf Ihr Euer Augenmerk richten solltet, ist die regelmäßige Durchführung von Gottesdiensten entsprechend der

Tradition sowie das regelmäßige Abhalten von *satsang* und das Singen von Liedern zu Ehren Gottes. Es ist Eure Ergebenheit und Euer Glauben, der dem Tempel Leben einhaucht, nicht die Rituale und die Zeremonien. Beachtet dies, wenn Ihr Euch in Eurer Glaubensgemeinschaft engagiert.

ॐ

Der geistige Meister

Ashrams und *gurukulas* sind die Pfeiler der spirituellen Kultur Indiens. Wenn wir unser *sadhana* entsprechend den Anweisungen des *satguru* (geistiger Meister, spiritueller Lehrer) ausüben, müssen wir nirgendwo sonst hingehen. Wir werden alles, was wir brauchen, vom Meister bekommen.

ॐ

Wir werden nur dann spirituelle Fortschritte machen, wenn wir unseren geistigen Meister als eine Manifestation Gottes ansehen. Nehmt nicht jemanden als Euren Meister an, bevor Ihr nicht vollkommen davon überzeugt seid, dass er wahrhaftig und voller Weisheit ist. Sobald Ihr jemanden als Euren Meister gewählt habt, gebt Euch Ihm vollkommen hin. Nur dann ist spirituelle Entwicklung möglich. Ergebenheit gegenüber dem Meister, bedeutet totale Hingabe an Ihn.

ॐ

Mit der Ausnahme von einigen wenigen, die höhere spirituelle Tendenzen bereits in früheren Leben erreicht haben, ist Selbstverwirklichung für jemanden ohne den Segen eines wahren Meisters nicht möglich. Betrachtet den *guru* als eine Manifestation Gottes in dieser Welt. Seht jedes Seiner Worte als eine Anweisung und gehorcht Ihm bis ins kleinste Detail. Das ist wahrer Dienst am Meister, und es ist eine besondere Form der Askese. Der Segen des *guru* fließt automatisch zu jedem gehorsamen Schüler.

ॐ

Der Meister ist nicht auf den Körper beschränkt. Wenn Ihr Euren Meister selbstlos liebt, dann werdet Ihr in der Lage sein, Ihn nicht nur in seinem Körper zu sehen, sondern überall in der Welt in jedem lebenden Wesen und in jedem leblosen Objekt. Lernt jeden als die lebende Form Eures Meisters anzusehen und dient allen gleichermaßen.

ॐ

Der *ashram* ist Ammas Körper. Wann immer Ihr dem *ashram* dient, dient Ihr Amma. Der *ashram* ist kein Privatbesitz. Seine Bedeutung liegt darin, der ganzen Welt Frieden und Harmonie zu geben.

ॐ

Diejenigen, die ein *mantra* von Amma erhalten, sollten sich bemühen, ein diszipliniertes und ordentliches Leben zu führen. Gebt schlechte Angewohnheiten, wie den Genuss von Drogen, Tabak und Alkohol auf. Lebt enthaltsam bis zur Heirat. Lebt auch nach der Heirat Euer Leben nach Ammas

Anweisungen. Habt keine Geheimnisse vor Eurem *guru*, enthüllt Ihm alles. Der Schüler sollte die gleiche Liebe und Bindung an seinen Meister haben wie ein Kind an seine Mutter. Nur dann könnt Ihr spirituell wachsen.

Japa und Meditation sollten täglich ohne Ausnahme praktiziert werden. Nur durch regelmäßiges Wiederholen des *mantra* kann Nutzen daraus gezogen werden. Ein Bauer kann nichts ernten, wenn er nur Bücher über Landwirtschaft gelesen hat. Er muss sein Wissen in Arbeit umsetzen, nur dann wird es Früchte tragen.

ॐ

Amma sieht jeden als Ihr eigenes Kind an. Aus Ammas Perspektive sind keine Fehler Ihrer Kinder wirklich ernsthaft. Da Amma aber auch als *guru* angesehen wird, ist es für die Entwicklung des Schülers notwendig, dass er sich vorbildlich verhält. Amma verzeiht alle Fehler Ihrer Kinder, aber es gibt auch bestimmte Naturgesetze, wie zum Beispiel die Gesetze des *karma*, denen zu Folge wir für unsere Sünden bestraft werden. Entwickelt die Einstellung, dass jede Erfahrung von Schmerzen und Leiden für Euer spirituelles Wachstum förderlich ist.

ॐ

Dienen

Vereinfacht Eure Bedürfnisse für das tägliche Leben und verwendet die daraus erzielten Ersparnisse für wohltätige Zwecke. Es ist gut, karitative Projekte zu unterstützen. Ihr könnt beispielsweise Geld für die Veröffentlichung spiritueller Bücher spenden, damit die Bücher zu einem niedrigeren Preis verkauft werden können. Dadurch bekommen arme Menschen die Gelegenheit, sie zu kaufen. Auf diese Weise könnt Ihr einen Beitrag zur Entfaltung der geistigen Kultur leisten.

ॐ

Versucht wenigstens eine Stunde am Tag dem Dienst am Nächsten zu widmen. Genauso wie das Essen, das wir zu uns nehmen, unseren Körper ernährt, nährt selbstloser Dienst unsere Seele. Wenn Ihr nicht jeden Tag dazu Zeit habt, reserviert wenigstens einige Stunden pro Woche für einen verdienstvollen Akt der Nächstenliebe.

ॐ

Es ist nicht gut, Bettlern Geld zu geben. Gebt ihnen stattdessen zu essen und Kleidung. Das Geld, das Ihr ihnen gebt, könnten sie für alkoholische Getränke und Drogen missbrauchen. Es ist daher besser, wenn Ihr ihnen nicht die Chance gebt, einen solchen Fehler zu begehen. Versucht sie nicht als Bettler, sondern als Gott selbst zu sehen. Dankt Ihm, dass Er Euch die Gelegenheit gibt, Ihm auf diese Weise zu dienen. Statt Bettlern nur Essensreste auf schmutzigen Tellern anzubieten, ist es besser, ihnen nichts zu essen zu geben. Gebt niemals etwas mit Verachtung. Liebevolle Worte und Taten sind die besten Almosen.

ॐ

Es ist günstig, Zeremonien anlässlich von besonderen Ereignissen in Eurem Leben, wie z.B. die Eheschließung, die Namensgebung und die erste feste Nahrung für ein Kind sowie den Schulbeginn in einem Tempel oder *ashram* durchzuführen. Bei solchen Gelegenheiten können Essen und Kleidung an Bedürftige verteilt werden. Die Kosten für die Hochzeitsfeier sollten minimal gehalten werden, damit das gesparte Geld für die Mitgift eines armen Mädchens verwendet werden kann oder für die Ausbildung eines Kindes.

ॐ

Verzicht sollte ein wichtiger Bestandteil Eures Lebens werden. Wenn Ihr die Angewohnheit habt, jedes Jahr zehn neue Kleider zu kaufen, dann kauft dieses Jahr ein Kleidungsstück weniger und im darauffolgenden Jahr zwei weniger. Auf diese Weise könnt Ihr schrittweise Eure Garderobe auf das reduzieren, was Ihr tatsächlich braucht. Das Geld, das zehn Personen auf diese Art sparen, wäre ausreichend um ein Haus für einen verzweifelten oder einen behinderten Menschen zu bauen. Das wiederum könnte diese Menschen ermutigen, sich dem geistigen Weg zuzuwenden. Auch andere werden sich ändern, wenn sie Eure Selbstlosigkeit und Euren rechtschaffenen Lebensstil sehen. Minimiert allen Luxus, nicht nur bei der Kleidung, sondern auch in allem anderen, und benutzt das gesparte Geld für wohltätige Zwecke.

ॐ

Legt einen bestimmten Teil Eures Einkommens zur Seite, um anderen zu helfen. Wenn es nicht möglich ist, das Geld direkt den Bedürftigen zu geben, dann gebt es stattdessen an einen *ashram* oder eine spirituelle Organisation, die sich dem Dienst am Nächsten gewidmet hat. Ihr könnt zum Beispiel auch öffentlichen Bibliotheken, einschließlich Schul- und Hochschulbibliotheken spirituelle Publikationen zur Verfügung stellen. Eure Selbstlosigkeit und Euer Mitgefühl werden nicht nur anderen helfen, sie werden auch Euren eigenen Geist erweitern. Derjenige, der eine Blume pflückt, um sie als Opfergabe darzubringen, ist der erste, der sich an ihrem Duft und ihrer Schönheit erfreuen kann. Unsere selbstlosen Handlungen tragen dazu bei, das innere Selbst in uns zu erwecken. Sogar unser Atem nützt den anderen und der Mutter Natur, wenn er von guten Gedanken durchdrungen ist.

ॐ

Wenn Ihr der Welt selbstlos dient, dann dient Ihr Amma.

ॐ

Karmayoga

Ganz gleich wie hoch auch Eure Position im Leben sein mag, habt immer die Einstellung, dass Ihr nur der Diener Eurer Mitmenschen seid. Denkt, dass Gott Euch diese gute Position gegeben hat, damit Ihr die Möglichkeit habt, denjenigen zu helfen, die in Not sind. In Eurem Herzen werden dann automatisch Demut und Bescheidenheit entstehen. Wenn Ihr mit der Einstellung arbeitet, dass Ihr Gott dient, dann verwandelt sich Eure Arbeit in *sadhana*. Seid freundlich und liebenswürdig zu allen an Eurem Arbeitsplatz, zu Vorgesetzten und Untergebenen in gleicher Weise. So wie Ihr andere behandelt, behandelt die Welt auch Euch.

ॐ

Wenn ein Vorgesetzter Euch eine Arbeit aufträgt, stellt Euch vor, dass es eine von Gott geschaffene Gelegenheit ist, das Ego auszumerzen und die feindseligen Gefühle, die in Euch aufsteigen könnten hinwegzuwischen. Ebenso, wenn Ihr mit Untergebenen streng sein müßt, dann achtet darauf, dass weder Wut noch Ärger in Euch aufsteigen. In den Augen eines sich spirituell entwickelnden Menschen sind Vorgesetzte, Untergebene und Kollegen alle nur unterschiedliche Formen Gottes.

ॐ

Denkt niemals, Ihr würdet für Euren Chef oder für eine Firma arbeiten. Erfüllt Eure Pflicht mit der Haltung, dass Ihr Gott dient. Dann ist Eure Arbeit nicht nur eine Aufwendung von Zeit, um Geld zu verdienen. Ihr werdet in Eurer Arbeit aufrichtig und aufmerksam sein. Die erste Eigenschaft, die ein spirituell Strebender kultivieren sollte, ist vollkommenes *shradda* (Bewusstheit und Aufmerksamkeit für die gegenwärtige Arbeit).

ॐ

Seid immer dazu bereit, über die vorgeschrie-
bene Arbeit hinaus zusätzliche Arbeiten zu
verrichten. Nur die zusätzliche Arbeit, die
ohne den Wunsch nach Lob oder Belohnung
verrichtet wird, ist selbstloser Dienst.

ॐ

„Ich bin eine wichtige Persönlichkeit und habe
eine hohe Stellung in der Gesellschaft. Wie
kann jemand wie ich in einen Tempel gehen
und dort in den drängelnden Massen Gott verehren?" Gedanken wie diese entstehen durch
das Ego. Seid bereit, immer und überall den
Namen Gottes zu wiederholen, und erweist
dem Herrn und dem *guru* Ehrerbietung. Wenn
die Gesellschaft uns ein Zertifikat verleiht und
uns sagt, wie großartig wir sind, dann erreichen wir dadurch überhaupt nichts. Was wir
brauchen ist ein Zertifikat von Gott.

ॐ

Durch ständiges Bemühen werden wir in der Lage sein, das *mantra* bei allen Arbeiten in unserem Geiste zu wiederholen. Die Arbeit, welche wir in der Haltung ausüben, dass wir sie für Gott tun, verursacht keine Bindungen.

ॐ

Satsang

Wenn wir uns in einem Tempel oder in einem *ashram* treffen, um gemeinsam hingebungsvolle Lieder zu Ehren Gottes zu singen und am *satsang* teilzunehmen, anstatt die Zeit mit unnötigem Geschwätz oder Fernsehen zu verschwenden, dann ist das gut für uns selbst und für die Umwelt. Alternativ können wir auch alleine in Abgeschiedenheit sitzen und meditieren oder Lieder zu Ehren Gottes singen. Zögert nicht, Freunde oder Kollegen zu Euren *satsangs* einzuladen.

ॐ

Macht es Euch zur Angewohnheit, Euch einmal in der Woche an einem festgelegten Ort oder an verschiedenen Orten im Wechsel zu treffen, für *archana, bhajans* (Singen von Liedern oder zum Lobpreis Gottes) und Meditation. Wenn wir einige Früchte oder Süßigkeiten als *prasad* (geweihte Gabe) verteilen, dann werden auch die Kinder Interesse daran bekommen, an diesen Treffen teilzunehmen. Die in der Kindheit erlernte spirituelle Kultur wird das ganze Leben lang lebendig bleiben. Diejenigen, die an diesen spirituellen Zusammenkünften teilnehmen, können auch eine gemeinsame Mahlzeit einnehmen. Das wird den Sinn für die Einheit und Brüderlichkeit stärken. Das *archana* und die Gottesverehrung werden alle schädlichen Einflüsse beseitigen, die auf schlechte planetarische Einflüsse zurückzuführen sind. Gleichzeitig reinigen die Gebete auch die Umwelt. Die Teilnahme an den *satsangs* wird unser Herz mit Gedanken an Gott füllen.

ॐ

Zuhause

Laßt Gott zu einem Teil eines jeden Aspekts Eures Lebens werden. Diejenigen, die keinen eigenen Raum für die Gottesverehrung einrichten können, sollten wenigstens einen Teil Ihres Zimmers für *japa*, Meditation und spirituelles Studium abteilen. Dieser Platz sollte nur für die spirituelle Praxis genutzt werden. Gott sollte nicht auf den Bereich unter der Treppe verdrängt werden. Wir sollten als die Diener Gottes leben und nicht Gott den Platz der Diener geben.

ॐ

Zündet bei Sonnenuntergang eine Lampe an, die mit *ghee* oder mit einem pflanzlichen Öl gefüllt ist. Alle Mitglieder des Haushaltes sollten bei der Lampe zusammenkommen, um Lieder zum Lobe Gottes zu singen und ein wenig zu meditieren. Es ist nicht nötig,

jemanden zu zwingen, an den Gebeten teilzunehmen. Seid nicht verärgert, wenn jemand
nicht teilnimmt. Bei Sonnenuntergang zu
beten, war früher in Indien eine gebräuchliche
Praxis in jedem Haushalt. Heutzutage kommt
es aus der Mode, und wir werden die Konse-
quenz dieser Vernachlässigung tragen müssen.
In der Dämmerung, der Begegnung von
Tag und Nacht, ist die Atmosphäre unrein.
Meditation und das Singen hingebungsvoller
Lieder bewirken, dass sich unser Verstand
zielgerichtet auf Gott konzentriert. Dies wird
unser Gemüt und ebenfalls die Atmosphäre
reinigen. Wenn wir stattdessen mit lockerem
Gerede oder mit Spaß beschäftigt sind, dann
wird unser Geist noch weiter verunreinigt.

ॐ

Wir sollten immer danach streben, die Vision
der Einheit in uns zu kultivieren, nicht die der
Trennung. Es ist nicht nötig, etwas anderes

als die Bilder unserer geliebten Gottheiten,
der Familienmitglieder und unseres Meisters
in unserem Meditationsraum aufzustellen.
Reinigt den Raum und die Bilder täglich.
Manche Menschen mögen spezielle Bilder von
Göttinnen und Göttern an besonderen Fest-
tagen wie *Krishnas* Geburtstag oder *Shivaratri*
etc. aufstellen. Es ist nicht falsch, dies zu tun.
Die nahrhafte Substanz von Milch ist immer
dieselbe, egal wie sie in verschiedenen Ländern
genannt wird. Ebenso gibt es nur einen Gott,
und der hat viele Namen.

ॐ

Es ist gut, ein Bild unseres geistigen Meisters
oder unserer geliebten Gottheit an einen
sichtbaren Platz in jedem Zimmer des Hauses
aufzustellen. Sie abzustauben und zu reinigen, wird helfen, *shraddha* und Hingabe zu
verstärken.

ॐ

In früheren Zeiten hatte in Indien jedes Haus eine heilige *Tulasi*-Pflanze (indisches Basilikum), die an einem besonderen Platz gepflanzt war. Auch war es Brauch, Pflanzen mit wohlriechenden Blüten anzubauen, die zur täglichen Gottesverehrung verwendet wurden. Heutzutage ist ihr Platz von dekorativen Pflanzen und Kakteen verdrängt worden. Dies spiegelt die Veränderung der inneren Neigung der Menschen wider. Eine Basilikumpflanze oder ein *Crataeva*-Baum werden als heilig betrachtet, und man glaubt, dass sie dem Haus, in dem sie verehrt und genährt werden, Wohlstand bringen. Sie sollten täglich gegossen werden. Wann immer wir aus dem Haus gehen oder nach Hause kommen, sollten wir die Pflanzen grüßen.

ॐ

In alter Zeit berührten die Menschen Mutter Erde in Verehrung, bevor sie Ihre Füße auf die Erde setzten, wenn sie am Morgen aus dem Bett aufstanden. Sie verbeugten sich vor der aufgehenden Sonne als Verkörperung der Göttlichkeit und der Lebensspenderin. Sie lebten in Harmonie mit der Natur und sahen Gottes Essenz in allem. Aus dieser Haltung kamen Freude, Frieden und Gesundheit in die Familien. Pflanzen, wie die *Tulasi* und viele wohlriechende Blumen, die für die Gottesverehrung verwendet werden, haben auch heilende Wirkungen. Man sagt, dass sie die Atmosphäre reinigen, weshalb man sie neben dem Haus wachsen läßt.

ॐ

Diejenigen, die genug Land um ihr Haus herum haben, können sich einen kleinen Blumengarten anlegen. Wann immer Ihr im Garten arbeitet, rezitiert Euer *mantra*. Wenn Ihr Euch darüber bewußt seid, dass die Blumen für die Gottesverehrung bestimmt sind, hält dies gleichzeitig die Erinnerung an Gott in uns wach.

ॐ

Jeder Hausbesitzer sollte einen Teil seines Grundstücks für den Anbau von Bäumen und Pflanzen nutzen. Das wird die Umwelt reinigen. Es wird die Harmonie in der Natur aufrechterhalten. In früheren Zeiten hatte jedes Haus ein Wäldchen und einen Teich. Nicht nur die Familie, sondern die ganze Gesellschaft erfreute sich ihres Nutzens.

ॐ

Die gute Ausstrahlung eines Hauses kommt nicht von seinem äußeren Erscheinungsbild, sondern von seiner Reinlichkeit. Widmet der lupenreinen Sauberkeit des Hauses und seiner Umgebung täglich Aufmerksamkeit. Glaubt nicht, dass dies nur Aufgabe der Frauen oder irgendeiner bestimmten Person sei. Jeder in der Familie sollte mitwirken, das Haus sauber zu halten. Traditionelle Gebräuche, wie das Nichtbetreten des Hauses mit Straßenschuhen helfen, ein spirituelles Gefühl der Verehrung gegenüber unserer Wohnstätte zu pflegen.

ॐ

Seht die Küche als einen Ort der Gottesverehrung an. Sie sollte sauber und ordentlich sein. Nehmt immer ein morgendliches Bad, bevor Ihr mit dem Kochen beginnt und wiederholt Eurer *mantra*, während Ihr das Essen zubereitet. Stellt Euch vor, dass Ihr das Essen als Opfergabe für Euren geliebten Meister oder Eure geliebte Gottheit kocht und dass Er oder Sie die Essenz der Speisen erhält, bevor Ihr sie auf dem Tisch serviert. Am Abend, bevor Ihr Euch zur Ruhe begebt, solltet die Küche geputzt und das Geschirr abgespült werden. Achtet darauf, dass Ihr kein Essen unbedeckt stehen laßt.

ॐ

Es gab eine Zeit, in der Kinder Ihre Liebe und Ihren Respekt gegenüber Ihren Eltern und den Älteren zum Ausdruck brachten[3]. Diese Tradition ist zum großen Teil verloren gegangen. Die Eltern sollten ein Vorbild für Ihre Kinder sein, indem sie Ihren eigenen Eltern Respekt zollen. Wie kann ein Kind Respekt gegenüber den Eltern zeigen, wenn diese Ihren eigenen betagten Eltern gegenüber respektlos sind? Eltern sollten immer ein Beispiel sein, dem die Kinder folgen können.

ॐ

---

[3] In Indien ist es gebräuchlich, die Füße von Älteren, Eltern, Mönchen und Gurus mit beiden Händen zu berühren und dann die eigene Stirn, die Augen oder das Herz zu berühren, um Respekt zu zeigen. In früheren Zeiten wurde dies in jedem Haushalt, von allen Kindern praktiziert als erste Handlung beim Aufstehen am Morgen oder beim Verlassen des Hauses um in die Schule zu gehen.

Wenn Ihr das Haus für einige Besorgungen verlaßt, dann geht erst, nachdem Ihr den Älteren Respekt erwiesen habt. Kinder sollten eine Angewohnheit daraus machen, sich von den Eltern zu verabschieden, bevor sie zur Schule gehen. Demut und Bescheidenheit, ziehen Gottes Gnade an.

ॐ

Behandelt Haushaltshilfen mit Würde. Verletzt nicht Ihre Selbstachtung. Gebt ihnen keine Reste zu essen. Wir sollten sie wie unsere eigenen Brüder und Schwestern behandeln.

ॐ

Jeder in der Familie sollte einen Teil der Haushaltsaufgaben übernehmen. Das wird helfen, die Liebe in der Familie zu pflegen. Männer sollten Küchenarbeit nicht so ansehen, als wäre sie nur für Frauen. Sie sollten sich an der Küchenarbeit beteiligen. und soviel wie möglich helfen. Auch sollte man kleinen Kindern Aufgaben geben, die sie bewältigen können.

ॐ

Einfacher Lebensstil

Bemüht Euch um eine selbstlose Haltung und reduziert persönliche Bequemlichkeiten so weit wie möglich. Versucht ein einfaches Leben zu führen und die persönlichen Besitztümer auf ein Minimum zu reduzieren. Ein spirituell Suchender sollte kein Vergnügungssuchender sein.

ॐ

Mit etwas Sorgfalt kann man einen guten Teil des Geldes einsparen, das ansonsten für den Bau von luxuriösen Häusern ausgegeben wird. Die Menschen geben normalerweise alles, was sie gespart haben, für den Hausbau aus und enden mit Schulden. Es ist besser in einem angemessenen Haus zu leben und unnötigen Luxus zu vermeiden. Wenn Ihr den Wunsch habt, ein Haus für eine Familie mit nur vier oder fünf Personen zu bauen, das ein

Vermögen kostet, dann denkt daran, dass es zahllose arme und obdachlose Familien gibt, die Ihre Nächte im Freien in Regen und Kälte verbringen müssen.

ॐ

Es ist gut, das Tragen von Kleidungsstücken mit auffallenden Mustern und Farben zu vermeiden, damit man nicht so viel Aufmerksamkeit auf sich zieht. Wenn andere uns Aufmerksamkeit schenken, dann wird unsere Aufmerksamkeit abgelenkt. Wir sollten uns bemühen, uns einfach zu kleiden und einen einfachen Lebensstil zu entwickeln. Es ist gut wenn Frauen ihr Verlangen nach Schmuck aufgeben. Gute Worte und Taten sind die wirklichen Juwelen im Leben.

ॐ

Werft alte Kleidung nicht einfach weg, sondern reinigt sie und gebt sie den Bedürftigen.

ॐ

Handelt, ohne die Früchte für Eure Handlungen zu erwarten. Die Erwartungshaltung ist die Ursache für all Euren Kummer. Widmet Euer Leben Gott und vertraut darauf, dass Er Euch beschützt. Wenn Ihr das Familienleben mit der richtigen Einstellung lebt, könnt Ihr die vollkommene Hingabe an Gott erlernen. Ihr müsst erkennen, dass Eure Frau oder Euer Ehemann oder Eure Kinder nicht Euch gehören, genauso wie Ihr nicht ihnen gehört. Habt absoluten Glauben daran, dass alles Gott alleine gehört. Dann wird Er all Eure Bürden tragen. Er wird Eure Hand nehmen und Euch zum Ziel führen.

ॐ

Essen

Nicht ein einziges Körnchen des Essens, das wir zu uns nehmen, ist lediglich durch unsere Anstrengung entstanden. Was in Form von Nahrung zu uns kommt, ist die Mühe unserer Landsleute, die großzügige Gabe der Natur und Gottes Mitgefühl. Sogar wenn wir Millionen Euro haben, brauchen wir doch etwas Essen, um unseren Hunger zu stillen. Können wir denn Geld essen? Deshalb sollten wir niemals etwas zu uns nehmen, ohne vorher in Demut und mit Dankbarkeit gebetet zu haben.

ॐ

Esst immer im Sitzen und niemals im Stehen oder Gehen.

ॐ

Richtet Eure Aufmerksamkeit nicht nur auf den Geschmack der Speisen, die Ihr esst.

Stellt Euch vor, dass Eure geliebte Gottheit
oder Euer Meister in Euch gegenwärtig ist
und dass Ihr Ihm zu essen gebt. Wenn Ihr
Kinder füttert, stellt Euch vor, dass Ihr Eure
geliebte Gottheit füttert. Dies wird das Essen
in *sadhana* verwandeln. Redet nicht während
des Essens. Soweit möglich, sollten alle Familienmitglieder zusammen essen. Nehmt etwas
Wasser in Eure rechte Handfläche und rezitiert
das *bhojana mantra*[4] oder Euer eigenes *mantra*.
Dann macht dreimal im Uhrzeigersinn eine
Kreisbewegung über Eurem gefüllten Teller
und trinkt die restlichen Wassertropfen aus
Eurer Hand. Schließt die Augen und betet für
einige Augenblicke: "Lieber Gott mach, dass
dieses Essen mir die Stärke gibt, Deine Arbeit
zu tun und Dich zu verwirklichen."

---

[4] Om brahmarpanam brahma havir, brahmagnau
brahmana hutam, brahmaiva tena gantavyam, brahma
karma samadhina, Om shanti shanti shanti, Om sri
gurubhyo namah hari om

ॐ

Wenn Ihr Haustiere oder Vögel habt, dann
füttert sie, bevor Ihr selbst esst. Erkennt Gott
in jedem lebenden Wesen und füttert es mit
dieser Haltung.

ॐ

Wiederholt geistig Euer *mantra,* während Ihr
esst. Das wird das Essen und Euren Geist
gleichermaßen reinigen.

ॐ

Die geistige Einstellung desjenigen, der das
Essen zubereitet, überträgt sich auf diejenigen,
die es essen. Deshalb sollte, soweit möglich,
die Mutter für die gesamte Familie kochen.
Wenn sie Ihr *mantra* singt, während sie kocht,
wird das Essen jedem auch auf der geistigen
Ebene nützen.

ॐ

Betrachtet das Essen als die Göttin *Lakshmi*
(Göttin des Wohlstandes) selbst und empfangt es mit Hingabe und Verehrung. Essen
ist *Brahman* (Absolutes Sein). Redet während
des Essens niemals über die Fehler und Unzulänglichkeiten anderer. Nehmt die Mahlzeit als
Göttliches *prasad* ein.

ॐ

Es ist eine gute Tradition der Eltern, Ihren
Kindern zu Beginn einer Mahlzeit eine Handvoll des Essens zu füttern. Das wird helfen,
gegenseitige Liebe und Zuneigung unter den
Familienmitgliedern zu kultivieren. In früheren Zeiten in Indien aß die Frau die Reste
vom Teller des Mannes und betrachtete es
als Gottes *prasad*. In jenen Tagen wurde der
Ehemann von der Frau als die sichtbare Form
Gottes betrachtet. Wo können wir heutzutage noch eine solche Beziehung finden? Jeder
Mann möchte gerne so eine Frau wie *Sita*

haben, die reine und fehlerfreie Frau von Gott *Rama*. Aber keiner fragt sich selbst, ob er ein Leben wie *Rama* führt, der die Verkörperung aller edlen Tugenden war.

ॐ

Man kann keine Gedankenkontrolle erreichen, wenn man seinen Geschmackssinn nicht unter Kontrolle hat. Man sollte sein Essen nach gesundheitlichen Aspekten auswählen, nicht nach dem Geschmack. Wenn man nicht bereit ist, die kulinarischen Genüsse aufzugeben, wird man den Geschmack des erblühenden Herzens nicht genießen können.

ॐ

Diejenigen, die *sadhana* praktizieren, sollten nur einfaches, frisches vegetarisches Essen (*sattvisches* Essen) zu sich nehmen. Vermeidet Essen, das extrem salzig, süß, scharf oder sauer ist. Die subtile Essenz dessen, was wir essen, prägt unseren Geist. Die Reinheit des Essens hilft uns, mentale Reinheit zu entwickeln.

ॐ

Das Frühstück sollte leicht sein. Noch besser ist es, wenn wir ohne Frühstück auskommen. Esst die erwünschte Menge zum Mittagessen und nehmt abends nur leichte Speisen zu Euch.

ॐ

Füllt Euren Magen nicht gänzlich, sondern laßt ein Viertel davon frei. Das hilft Eurem Körper, das Essen richtig zu verdauen. Wenn Ihr esst, bis Ihr nicht mehr atmen könnt, dann überanstrengt Ihr Euer Herz.

ॐ

Sich zu überessen, schadet nicht nur dem *sadhana*, sondern auch der Gesundheit. Gebt die Angewohnheit auf, zwischendurch etwas zu essen. Die Mahlzeiten zu regelmäßigen Zeiten zu sich zu nehmen, ist gut für die Gesundheit und die geistige Kontrolle. Esst um zu leben, lebt nicht, um zu essen.

ॐ

Es ist eine gute Angewohnheit an Wochenenden entweder zu Hause oder in einem *ashram* an einem Tag zu fasten oder nur eine Mahlzeit zu sich zu nehmen, *japa* zu praktizieren und zu meditieren. Schritt für Schritt von einer Mahlzeit an diesem Tag zu komplettem Fasten überzugehen, wird das *sadhana* und die allgemeine Gesundheit verbessern. Esst nur Früchte, wenn komplettes Fasten nicht möglich ist. Vollmond und Neumond sind gute Tage zum Fasten.

ॐ

Esst nicht während der Dämmerung. Es wird in den alten Epen gesagt, dass *Vishnu* den

Dämon *Hiranyakashipu* während der Dämmerung getötet hat. Die Luft ist während dieser Zeit unreiner als zu anderen Zeiten. Es ist nicht die Zeit, den Magen zu füllen. Es ist die Zeit, den Namen Gottes zu wiederholen und die Gedanken mit geistiger Nahrung zu erfüllen.

ॐ

Speziell für jene, die *sadhana* praktizieren, ist es gut, zweimal im Monat Abführmittel zu nehmen, um den Darm gründlich zu reinigen. Die Ansammlung von Schlacken verhindert die Konzentration und verunreinigt die Gedanken.

ॐ

Amma bittet nicht diejenigen, die Fleisch oder Fisch essen, damit abrupt aufzuhören. Es ist aber für das *sadhana* gut, stufenweise zu einer rein vegetarischen Ernährung zu wechseln. Es ist sehr schwierig, plötzlich mit einer Gewohnheit aufzuhören. Beobachtet Euren Geist und bringt ihn mit der Zeit unter Kontrolle.

ॐ

Jeder weiß, dass Rauchen und Trinken der Gesundheit schadet. Trotzdem finden die meisten Menschen, die diese Angewohnheiten haben, es schwierig, sie aufzugeben. Wie kann jemand, der sich nicht von dem Verlangen nach einer Zigarette befreien kann, anstreben, Gottesverwirklichung zu erlangen? Diejenigen, die das Rauchen nicht abrupt aufgeben können, sollten versuchen, stattdessen Kardamon oder Süßholz zu kauen oder einen Schluck Wasser zu trinken, wenn der Drang nach einer Zigarette aufkommt. Wenn man sich ernsthaft bemüht, kann man das Rauchen und auch jede andere schlechte Angewohnheit in kurzer Zeit aufgeben.

ॐ

Das Trinken von Kaffee oder Tee mag einen vorübergehenden Auftrieb bewirken, wenn es aber zur Gewohnheit wird, ist es schädlich für unsere Gesundheit. Gebt dies ebenso auf.

ॐ

Wenn Ihr die Angewohnheit habt, Alkohol zu trinken, dann entschließt Euch, dies aufzugeben. Trinken ruiniert gleichzeitig Eure Gesundheit und geistige Stärke sowie den Wohlstand und den Frieden der Familie. Trinkt nicht einmal Alkohol, um Euren Freunden einen Gefallen zu tun.

ॐ

Verwendet keine Rauschmittel egal welcher Art. Dient der Welt, anstatt Eure Gesundheit durch Rauchen und Trinken zu ruinieren. Das Geld, das damit verschwendet wird, kann stattdessen für viele nützliche Dinge verwendet werden. Mit dem Geld, das Ihr für das

Rauchen ausgebt, könntet Ihr eine Prothese für jemanden kaufen, der sein Bein verloren hat. Oder Ihr könntet eine Augenoperation für jemanden mit grauem Star finanzieren oder einen Rollstuhl für einen Gelähmten bezahlen. Ihr könntet auch spirituelle Bücher für die örtliche Bücherei kaufen.

ॐ

Wann immer wir es zulassen, dass Essen verdirbt oder nur halb gegessen weggeworfen wird, fügen wir der Gesellschaft Schaden zu. Denkt daran, wie viele Menschen leiden, ohne wenigstens ein Essen am Tag zu haben. Wenn ein Nachbar hungert, können wir dann glücklich sein, während wir ein üppiges Mahl verzehren? Wir müssen den Hungernden helfen, so gut wir können. Hungernden zu Essen zu geben, ist eine Form der Gottesverehrung.

ॐ

Eheleben

Mann und Frau sollten sich lieben und gegenseitig dienen, indem sie Gott im jeweils anderen sehen. Auf diese Weise bilden sie ein ideales Paar, das zum Vorbild für ihre Kinder und für andere wird.

ॐ

Es ist wichtig, gemeinsam Gott zu verehren. Die Eheleute können zusammen meditieren, *japa* machen und spirituelle Texte lesen. Es ist gut, wenn sich die Eheleute dazu entschließen, den selbstlosen Dienst am Nächsten in den Mittelpunkt ihres Lebens zu stellen und in ihrem Zuhause *satsangs* und *bhajans* abzuhalten. Wenn sie auf diese Weise in ihrem *sadhana* gemeinsam Fortschritte machen, werden sie sicherlich Befreiung erreichen.

ॐ

Mann und Frau sollten einander auf dem spirituellen Weg nicht im Wege stehen. Niemals sollte das spirituelle Bestreben aufgegeben werden, auch dann nicht, wenn der Ehepartner es nicht billigt. Es ist auch nicht richtig, sich wegen der spirituellen Praxis von seiner Pflicht abzuwenden. Amma hat viele Menschen gesehen, die dies taten. Das ist niemals richtig. Wenn Ihr eine Aufgabe zu erfüllen habt, dann tut dies, indem Ihr Euch an Gott erinnert. Wenn Ihr zu einer Zeit meditiert, zu der Ihr eigentlich arbeiten solltet, dann werdet Ihr keine Fortschritte machen. Verursacht Eurem Partner niemals Schmerz, auch wenn er oder sie gegen Eure spirituellen Übungen ist. In einem solchen Fall ist es besser, Gott zu bitten, Er möge das Herz Eurer Lieben ändern. Widmet Euch auch in diesem Fall weiterhin Euren Pflichten innerhalb der Familie.

ॐ

Es ist empfehlenswert, sich an wenigsten zwei oder drei Tagen in der Woche der sexuellen Beziehung zu enthalten. Versucht, allmählich an den meisten Tagen der Woche enthaltsam zu leben. Vermeidet sexuelle Beziehungen an Vollmond und Neumondtagen und wenn die Frau ihre monatliche Periode hat. Versucht die Stärke zu bekommen, wie Bruder und Schwester zusammenzuleben, nachdem ein oder zwei Kinder geboren wurden. Das ist wesentlich, um den vollen Ertrag aus dem *sadhana* ernten zu können und spirituelle Fortschritte zu machen.

ॐ

Nachdem Ihr die sexuelle Vereinigung erlebt habt, stellt Euch folgende Fragen: „Woher kommt diese Freude? Schwächt mich letztendlich die sexuelle Vereinigung? Nimmt sie mir nicht meine Kraft?" Jedes Vergnügen, das nicht durch geistige Kontrolle erreicht wird, schwächt den Körper. Die Liebesbeziehung des Ehepaares sollte der Ausdruck der reinen Liebe des Herzens sein, unberührt von Verlangen. Bemüht Euch Fortschritte auf dem Pfad der Tugenden zu machen, indem Ihr Euren Geist ausschließlich auf Gott ausrichtet.

ॐ

Es ist genug, ein Baby zu haben, höchstens zwei, aber nicht mehr als das. Wenn Ihr weniger Kinder habt, könnt Ihr sie mit mehr Sorgfalt aufzuziehen. Es ist gut, wenn die Mütter Ihre Kinder stillen und dabei den Namen Gottes wiederholen. Betet: „Lieber Gott, ziehe dieses Kind groß, damit es der Welt diene! Es ist Dein Kind. Schenke ihm edle Eigenschaften." Dann wird das Kind intelligent und erfolgreich im Leben sein.

ॐ

Verheiratete Männer sollten keine Beziehungen zu anderen Frauen haben. Ebenso sollten verheiratete Frauen keine Beziehung zu anderen Männern suchen.

ॐ

Wenn es Meinungsverschiedenheiten in der Familie gibt, dann diskutiert die Angelegenheit und bemüht Euch, das Problem noch am selben Tag zu klären. Schiebt es nicht auf den nächsten Tag. Jeder kann Liebe mit Liebe erwidern. Daran ist nichts Großartiges. Versucht auch Hass mit Liebe zu erwidern. Das allein ist das wirkliche Maß für unsere Größe. Nur wenn wir bereit sind, die Fehler und Unzulänglichkeiten der anderen zu vergeben und ihnen entgegenzukommen, wird Friede in der Familie vorherrschen. Um den Charakter der Kinder zu formen, ist es wesentlich, dass die Eltern ein vorbildliches Leben führen. Wenn das Leben der Eltern weit davon entfernt ist, ein Beispiel zu sein, wie können sie dann die Kinder richtig aufziehen?

ॐ

Kinder, die während der Dämmerung empfangen wurden, entpuppen sich oftmals als geistig behindert. Weltliche Gedanken sind zu dieser Zeit auf dem Höhepunkt. Das ist auch der Grund, warum es umso notwendiger ist, Gottesverehrung, *archana*, *japa* und Meditation während der Zeit der Dämmerung auszuüben.

ॐ

Jeder, der seine Diät kontrolliert und regelmäßig *japa* und Meditation praktiziert, wird zu gegebener Zeit die Stärke erhalten, das Zölibat aufrechtzuerhalten. Während einiger Stadien des *sadhana* können jedoch innewohnende Tendenzen auflodern und ein starkes Wiedererwachen weltlicher Verlangen verursachen. Wenn dies geschehen sollte, erbittet den Rat

Eures *guru*. Sucht Zuflucht in Gott und habt keine Angst. Versucht Euer Bestes und übt Euch soweit wie möglich in Selbstbeherrschung.

ॐ

Ab dem dritten bis vierten Monat der Schwangerschaft sollten sich die Eheleute bemühen, auf die sexuelle Vereinigung zu verzichten. Es ist besser, alle Diskussionen, Filme und Magazine zu vermeiden, die weltliche Verlangen und Leidenschaften wecken. Lest spirituelle Bücher, macht *japa* und meditiert jeden Tag. Die Gedanken und Gefühle der Mutter während der Schwangerschaft haben einen wichtigen Einfluss auf die spätere Entwicklung des Charakters des Kindes.

ॐ

Die Praxis des *pranayama* ohne das strikte Einhalten des Zölibats, kann zu Komplikationen führen. Die Ausübung von *pranayama* sollte nur unter der Beaufsichtigung eines *satguru* geschehen.

ॐ

Ausbildung
der Kinder

Gebt den Kindern bis zum Alter von fünf Jahren so viel Liebe wie möglich. Zwischen dem fünften und fünfzehnten Lebensjahr, ist es im Hinblick auf die Schulbildung wichtig, auf strikte Disziplin zu achten. In diesem Zeitraum werden die Grundlagen für das spätere Leben gebildet. Liebe ohne Disziplin verwöhnt die Kinder. Nach dem fünfzehnten Lebensjahr sollte den Kindern wiederum sehr viel Liebe gegeben werden, da sie sonst weggehen könnten.

ॐ

Viele Teenager, sowohl Jungen als auch Mädchen, haben Amma gesagt, dass der Mangel an Liebe sie dazu veranlaßte, von Zuhause wegzugehen. In den Teenagerjahren sehnen sich die Jugendlichen besonders nach Liebe. Leider sind die Eltern in diesen Jahren oft sehr streng und bestrafen und beschimpfen die Jugendlichen, um sie zu disziplinieren. Oftmals erlauben die Eltern ihren Kindern nicht einmal, in ihre Nähe zu kommen und sie zeigen ihnen keine Liebe. Wenn den Kindern, in einer Zeit, in der sie Disziplin lernen sollen, übermäßige Liebe gezeigt wird, dann werden sie verwöhnt und sie werden ihrem Studium gegenüber faul und gleichgültig. Sind sie jedoch bereits älter, dann kann man ihnen ihre Fehler mit Vernunft und Logik aufzeigen und diese korrigieren.

ॐ

Es ist wichtig, Kindern von klein auf spirituelle Ideen zu erklären. Wenn die Kinder während des Heranwachsens schlechte Angewohnheiten erwerben, so werden die guten Eindrücke, die sie in ihrem Unterbewußtsein gespeichert haben, sie zu gegebener Zeit auf den richtigen Pfad zurückbringen.

ॐ

Schimpft nicht oder sprecht schlecht von anderen vor Euren Kindern, da sie es Euch nachmachen werden. Wohlstand kommt und geht, aber ein guter Charakter bleibt das ganze Leben erhalten. Deshalb sollten wohlhabende Eltern ihren Kindern nicht alle materiellen Wünsche erfüllen und sicherstellen, dass ihre Kinder demütig und selbständig werden.

ॐ

Es ist wichtig, dass die Kinder lernen, sich gegenüber ihren Lehrern und geistigen Meistern bescheiden zu verhalten. Nur auf dem Nährboden einer demütigen Haltung kann geistige Weisheit entstehen. Diejenigen, die denken, dass Kinder, die zur Schule gehen, keine andere Arbeit verrichten sollten, irren sich. Schulische Erziehung ist als Erziehung fürs Leben unzureichend. Kinder müssen lernen, ihren Eltern zu helfen, und Aufgaben im Haushalt übernehmen.

ॐ

Eltern, die ihren Kindern Wiegenlieder singen und Gute-Nacht-Geschichten erzählen, sollten Lieder zum Lobe Gottes und spirituelle Geschichten wählen. Dies wird den Kindern helfen, den Gedanken an Gott lebendig zu halten. Eine solche geistige Kultur wird sich tief im Unterbewußtsein verwurzeln. Wählt daher die Bücher, die Eure Kinder lesen, mit Bedacht aus.

ॐ

Die geistige Reife der Kinder ist abhängig von dem, was sie von den Erwachsenen gelernt haben. Die Eltern und die Älteren im Haushalt sollten der Erziehung der Kinder sehr viel

Aufmerksamkeit widmen. Es ist wünschens-
wert, wenn diejenigen, die eine Schulbildung
haben, den Kindern soviel wie möglich bei
ihren Hausaufgaben helfen. Überlaßt nicht die
gesamte Verantwortung den Lehrern. Wenn
es in der Nachbarschaft Kinder gibt, die mit
Euren eigenen Kindern zur Schule gehen,
könnt Ihr sie einladen und zusammen mit den
eigenen Kindern unterrichten. Das ist gute
Nachbarschaftshilfe. Findet niemals gefallen
am Misserfolg eines Kindes aus der Nachbarschaft und hegt nicht den Wunsch, dass nur
Eure Kinder die besten Noten erhalten sollen.

ॐ

Respekt vor älteren Menschen ist wichtig. Für
das Wohlergehen einer Familie ist es wesentlich, dass die Kinder lernen aufzustehen, wenn
ältere Menschen den Raum betreten und sich
erst zu setzen, wenn diese Platz genommen
haben. Sie sollten freundlich auf Fragen älterer

Menschen antworten, ihren Anweisungen gehorchen und es in jedem Fall unterlassen, sich über sie lustig zu machen oder ihnen laut in einer widerspenstigen Weise zu antworten. Wenn kleine Kinder die Erwachsenen um Erlaubnis bitten, nach draußen gehen zu dürfen, sollten die Eltern ihnen liebevoll antworten und sie mit einem Kuss verabschieden, wenn die Kinder gehen dürfen. Kinder brauchen das Gefühl, geliebt zu werden. Unsere Liebe für die Kinder darf nicht wie Honig im Innern eines Steins verborgen bleiben.

ॐ

Die Grundlage für Rituale und Gebräuche sollte die Liebe sein. Bloße Handlungen ohne die entsprechende Einstellung sind sinnlos. Alles sollte mit Demut, Hingabe und einem reinen Motiv gemacht werden. Damit sich wahre Disziplin entwickeln kann, sind Demut und Gehorsam erforderlich. Unsere

Demut und unser Gehorsam sind wie das Schmiermittel für eine Maschine: Wenn wir die Maschine benützen, ohne sie zu ölen, wird sie kaputt gehen.

ॐ

Es ist sehr wichtig, Kindern Verständnis und Achtung für ihre Kultur beizubringen. Es ist förderlich, ihnen Namen zu geben, die ihre Kultur widerspiegeln und die Erinnerung an Gott und spirituelle Meister wachrufen. Erzählt den Kindern von frühester Jugend an Geschichten von Gott und Heiligen, damit sich solche guten Eindrücke einprägen. Es gab eine Zeit in Indien, in der jeder von frühester Jugend an Sanskrit, die Sprache der Schriften, lernte. Dies half, sehr früh im Leben die Samen der Spiritualität aufzunehmen. Sogar die Menschen, die nicht formal die Schriften studierten, waren in der Lage ein Leben zu führen, das auf spirituellen Prinzipien basierte, indem sie mit jenen verkehrten, die in den Schriften unterrichtet worden waren.

ॐ

Vanaprastha

(Ruhestand)

Sind die Kinder erwachsen und dazu in der Lage, für sich selbst zu sorgen, dann sollten die Eltern in einen *ashram* gehen, ein spirituelles Leben führen und an Ihrem spirituellen Fortschritt arbeiten, indem sie meditieren, *japa* machen und selbstlos dienen. Um diese Veränderung im Leben möglich zu machen, ist es wichtig, schon zu Beginn des spirituellen Lebens eine starke Bindung an Gott und nur an Gott alleine aufzubauen. Ohne solch ein geistiges Band werden sich die Gedanken an die gewohnten Bindungen klammern, zuallererst an die Kinder, dann an die Enkel und so weiter. Diese Art der Anhaftung ist ohne irgendeinen Nutzen für uns oder für unsere Kinder. Wir verschwenden unser Leben, wenn wir unsere Anhaftungen nicht loslassen können. Wenn wir andererseits unser Leben auf unser *sadhana* ausrichten, dann wird die spirituelle Kraft, die wir entwickeln, uns und der Welt gleichermaßen helfen. Deshalb übt Euch darin, Euren Verstand von den unzähligen weltlichen Gegenständen abzuziehen und wendet ihn völlig nach innen Gott zu. Wenn wir ständig Öl von einem Gefäß in ein anderes schütten, dann verlieren wir jedes Mal ein wenig davon beim Umschütten. Auf die gleiche Weise verlieren wir unsere spirituelle Kraft, wenn wir es unserem Geist erlauben, an weltlichen Dingen anzuhaften. Wenn wir Wasser in einem Vorratstank sammeln, kann es alle Wasserhähne gleichzeitig erreichen. Wenn wir unseren Geist beständig auf Gott ausrichten, während wir mit irgendeiner Tätigkeit beschäftigt sind, kommt dies allen Familienmitgliedern zugute. Das endgültige Ziel im Leben sollte nicht die Ansammlung von Reichtum für die Kinder und Verwandten sein, sondern die Konzentration auf unsere eigene spirituelle Entwicklung.

ॐ

Verschiedenes

Die Seele ist Gott. Wahre Askese bedeutet, dass wir bei all unseren Handlungen ständig an Gott denken.

ॐ

Meditation und *japa* sind nicht die einzigen Formen des *sadhana*. Selbstloses Dienen gehört auch dazu. Es ist der leichteste Weg der Selbstverwirklichung. Wenn wir Blumen für einen Freund kaufen, sind wir es, der sich zuerst an dem Duft und der Schönheit erfreut. In gleicher Weise öffnet sich unser Herz, wenn wir anderen selbstlos dienen, und wir sind die ersten, die sich glücklich fühlen.

ॐ

Schaut nicht auf die Fehler und Unzulänglichkeiten der anderen und sprecht auch nicht darüber. Versucht immer nur das Gute in jedem zu sehen. Wenn Ihr Eure Hand verletzt, dann beschuldigt Ihr nicht die Hand, sondern tragt Medizin auf die Wunde auf und pflegt sie mit großer Aufmerksamkeit. Wir sollten anderen mit der gleichen Intensität dienen, ohne sie für Ihre Fehler zu tadeln.

ॐ

Wenn Ihr in einen Dorn tretet und dieser durchbohrt die Sohle Eures Fußes, dann helfen keine Tränen, den Dorn oder den Schmerz loszuwerden. Ihr müßt den Dorn herausziehen und Medizin auf die Wunde auftragen. Auf die gleiche Weise hat es keinen Sinn, über illusionäre Dinge der Welt zu weinen, die Euch Schmerzen bereiten. Wenn Ihr stattdessen nach Gott weint, dann wird dies Eure Gedanken reinigen und Ihr erlangt die Stärke, alle Hindernisse zu überwinden. Deshalb übergebt alles Gott und seid stark! Seid voller Mut!

ॐ

Nach Gott zu weinen, ist kein Zeichen von Schwäche. Tränen, die aus Sehnsucht nach Gott geweint werden, waschen die Unreinheiten hinweg, die sich durch schlechte Angewohnheiten während vieler Leben angesammelt haben. Genauso wie die Kerze strahlender und mit mehr Glanz leuchtet, wenn sie herunterbrennt, genauso beschleunigen Eure Tränen für Gott Euer spirituelles Wachstum. Wenn Ihr um weltliche Dinge, oder wegen Eurer Familien weint, geht Eure Stärke verloren und Ihr werdet schwach.

Ganz gleich mit welcher Handlung Ihr beschäftigt seid, seid Euch immer bewusst, dass Ihr nur durch Gottes Kraft in der Lage seid, alles zu vollbringen. Schaut Euch die reflektierenden Verkehrszeichen an. Wenn Licht auf sie fällt, wird das Licht reflektiert und sie leuchten. In vergleichbarer Weise sind wir nur durch Gottes Kraft in der Lage zu funktionieren und Handlungen auszuführen. Wir sind wie Instrumente in der Hand Gottes.

ॐ

Wir müssen eine hohe Konzentration aufbringen, um die Sandkörner in einer Handvoll Sand zu zählen, oder um auf einem Seil einen Fluss zu überqueren. Die gleiche Konzentration sollten wir für alles aufbringen, was wir tun.

ॐ

Kinder, *ahimsa* sollte das Gelübde unseres Lebens sein. *Ahimsa* bedeutet, keinem Wesen, selbst nicht in geringster Weise, Schmerzen zuzufügen, sei es in Gedanken, Worten oder Taten.

ॐ

Nur wenn wir unser Herz und unseren Verstand öffnen, können wir Gottes glückselige

Welt inmitten dieser von Leiden erfüllten Welt finden. Ohne die Fähigkeit verzeihen zu können und demütig zu sein, können wir Gott nicht erkennen und die Gnade des *guru* nicht verdienen. Ein mutiger Mensch ist jemand, der anderen vergeben kann, sogar wenn er am Rande seiner Geduld ist. Wenn wir den Knopf des Regenschirms drücken, entfaltet sich der Schirm und gibt uns Schutz vor Sonne und Regen. Wenn aber der Knopf sich weigert, heruntergedrückt zu werden, passiert nichts. Wenn der Same unter die Erde geht, sprießt er und wird ein Baum, und an diesen Baum könnt Ihr sogar einen Elefanten festbinden. Wenn der Same sich aber weigert, sich hinzugeben und nicht aus der Samenhülle fallen will, um unter die Erde zu gehen, dann wird er vielleicht als Mäusefutter enden.

ॐ

Wenn Ihr Amma wirklich liebt, dann seht Amma in jedem Wesen und liebt es als solches.

ॐ

Gottesverwirklichung und Selbstverwirklichung sind ein und dasselbe. Gottesverwirklichung bedeutet, ein Herz zu haben, das sich so weit ausdehnt, dass es alles und jeden gleichermaßen lieben kann.

ॐ

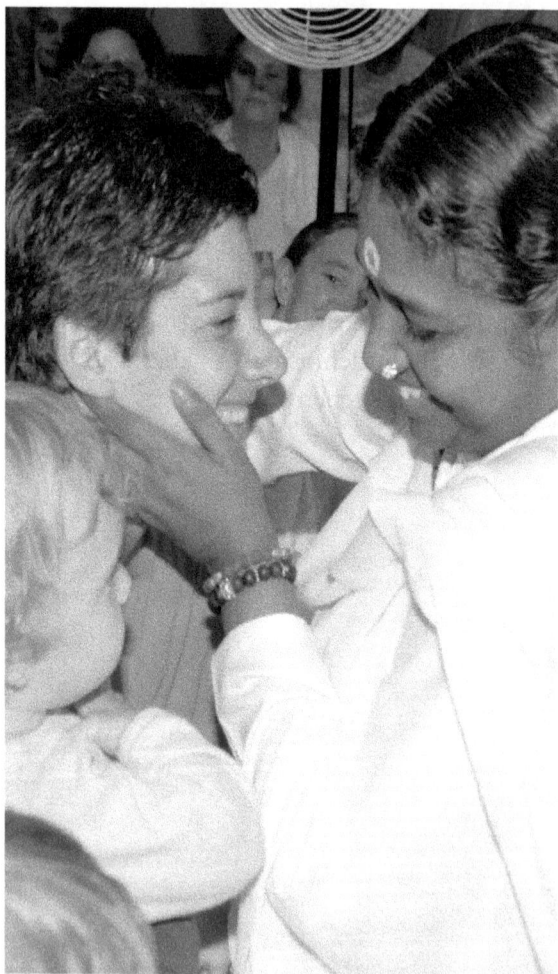

Glossar

Ahimsa: Gewaltlosigkeit. Sich jeder Art von Verletzung und Tötung anderer Wesen in Gedanken, Worten oder Taten zu enthalten.

Akshata: Ganzkörniger, geschälter Reis, gewaschen und getrocknet, gemischt mit ein wenig Turmerikpulver und etwas geklärter Butter, der als Opfergabe dargebracht werden kann.

Archana: Eine Art und Weise der Gottesverehrung, bei der einhundert, dreihundert oder tausend Namen der Gottheit wiederholt werden, wie z.B. beim Lalita Sahasranama.

Ashram: Einsiedelei oder Wohnort eines Weisen.

Bhagavad Gita: Die Lehren, die Gott Krishna Arjuna auf dem Schlachtfeld von Kurukshetra während des Mahabharata-Krieges erteilte. Sie sind auch für den heutigen

Menschen ein praktischer Führer für das tägliche Leben und enthalten die Essenz der vedischen Weisheit. Bhagavad Gita bedeutet wörtlich: „Das Lied Gottes".

Bhagavatam: Das Buch über die Inkarnationen Gottes als Vishnu und Krishna. Es unterstreicht (die Überlegenheit) den Aspekt der Hingabe.

Bhajan: Lied, das zum Lobe Gottes in Seinen/Ihren verschiedenen Formen gesungen wird.

Bhakti: Ausdruck spiritueller Hingabe.

Brahma: Der Aspekt Gottes, der für das schöpferische Prinzip steht.

Brahma muhurta: Der Zeitraum zwischen drei und sechs Uhr morgens. Zu dieser Zeit ist die Atmosphäre mit besonders reinen, sattvischen Schwingungen erfüllt, die das meditieren erleichtern.

Brahman: Die Absolute Wirklichkeit, das Höchste Wesen, das Eine, welche alles umfaßt und alles durchdringt, das eins mit allem ist und nicht mit den Sinnen fassbar ist.

Darshan: Anblick eines Heiligen oder die Vision einer Gottheit.

Dharma: Rechtschaffenheit in Übereinstimmung mit der Göttlichen Harmonie, oft auch mit Pflicht gleichgesetzt.

Devi: Aspekt der Göttlichen Mutter

Ghi: Geklärte Butter

Guru: Spiritueller Meister oder geistiger Führer.

Gurukula: Traditionell betrachtet, ist ein gurukula ein ashram mit einem lebenden spirituellen Meister, in dem Schüler und Jünger leben, die vom Meister unterrichtet werden.

Guruseva: Dienst für einen spirituellen Meister.

Hiranyakashipu: Ein Dämon, der von Gott Vishnu in Seiner Inkarnation als Löwen-Mensch Narasimha, getötet wurde.

Japa: Das Wiederholen eines mantra.

Kali yuga: Wörtlich übersetzt Eisernes Zeitalter. Das momentane dunkle Zeitalter des Materialismus.

Karma: Handlungen.

Kashi (auch Varanasi oder Benares genannt): Ort in Indien, der als Wohnsitz von Gott Shiva verehrt wird.

Kirtan: Hymnen und Lieder, die zum Lobe Gottes gesungen werden.

Krishna: Die bedeutendste Inkarnation von Gott Vishnu. Er wurde in eine königliche Familie geboren, wuchs aber bei Pflegeeltern auf und lebte als junger Kuhhirte in Vrindavan, wo er von seinen hingebungsvollen Gefährten, den gopis und gopas (Kuhhirten-Mädchen und -Jungen) liebevoll verehrt wurde. Krishna wurde später zum Herrscher Dwarakas. Er war ein Freund und Berater seiner Cousins, der Pandavas, insbesondere von Arjuna, dem er seine Lehre in der Bhagavad Gita offenbarte.

Keshava: Ein Name von Gott Krishna.

Lakshmi: Gemahlin von Gott Vishnu. Göttin des Reichtums und des Wohlstands auf allen Ebenen.

Lalita Sahasranama: Die tausend Namen der Göttlichen Mutter in der Form von Lalitambika.

Madhava: Ein Name von Gott Krishna.

Mahabharatam: Eines der beiden großen historischen Epen Indiens, das andere ist das Ramayana. Das Mahabharata ist das längste epische Gedicht der Welt und wurde ca. 3200 vor Christus von dem Weisen Vyasa verfasst.

Mahatma: Große Seele.

Mala: Rosenkranz oder Gebetskette, meist aus 108, 54, oder 18 Perlen und einer Guruperle bestehend.

Malayalam: Muttersprache von Mata Amritanandamayi Devi. Sie wird im Staat Kerala in Indien gesprochen.

Manasa pushpam: Form der Verehrung, bei der Blumen in Gedanken zu Füßen der gewählten Gottheit dargebracht werden.

Mantra: Heilige Formel oder Gebet, welches idealerweise ständig wiederholt wird. Dies erweckt die im Menschen verborgene spirituelle Energie und hilft, das spirituelle Ziel zu erreichen.

Ojas: Sexuelle Energie, die durch spirituelle Übungen in subtile Lebensenergie umgewandelt wird.

Prasad: Geweihte Gaben, meistens Speisen, die nach der Gottesverehrung verteilt werden.

Pranayama: Kontrolle des Verstandes durch die Kontrolle des Atems.

Rama: „Herrscher des Universums". Der göttliche Held des Epos Ramayana. Er war eine Inkarnation von Gott Vishnu und wird als Verkörperung des dharma und der Tugenden verehrt.

Sadhak: Jemand, der sadhana (spirituelle Praktiken) übt und sich dem Erreichen des spirituellen Ziels widmet.

Sadhana: Spirituelle Übungen.

Samsara: Der Kreislauf von Geburt, Tod und Wiedergeburt.

Samskaras: Geistige Tendenzen, die sich in diesem oder vergangenen Leben angesammelt haben.

Sannyasin: Ein Mönch oder eine Nonne, welcher oder welche die formellen Gelübde der Entsagung abgelegt hat.

Satguru: Ein gottverwirklichter Meister.

Satsang: Gemeinschaft mit Weisen und Tugendhaften; auch ein spiritueller Vortrag eines Heiligen oder Gelehrten. Zusammenkünfte, bei denen über die Herrlichkeit Gottes gesprochen wird, werden ebenfalls als Satsang bezeichnet.

Sattva, sattvisch: Die Qualität der Reinheit und Klarheit.

Seva: Selbstloser Dienst am Nächsten.

Shiva: „Der Glückverheißende", „der Gnadenbringende". Eine Form des Höchsten Wesens; ein Vertreter des männlichen Prinzips des Göttlichen. Auch ein Aspekt der drei Hindu-Gottheiten (Brahma, Vishnu, Shiva), der mit der Zerstörung des Universums, mit der Zerstörung von allem Nichtwirklichen in Verbindung gebracht wird.

Shivaratri: Neumondnacht Ende Februar, Anfang März, die Shiva geweiht ist.

Sita: Gemahlin von Gott Rama. In Indien wird sie als die ideale Ehefrau verehrt.

Sraddha: Glaube. In Malayalam, Ammas Muttersprache, wird es mehr in dem Sinn von Wachheit, Aufmerksamkeit, verbunden mit liebevoller Genauigkeit für die gegenwärtige Arbeit verwendet.

Suryanamaskar: Eine Yogaübung, mit der die Sonne begrüßt wird, die als Symbol Gottes verehrt wird. Hierbei werden auch 12 Mantren zu Verehrung des Gottes Surya rezitiert.

Tapas: Wörtlich „Hitze". Selbstdisziplin und spirituelle Übungen, welche die Unreinheiten der Gedanken „verbrennen".

Tulasi: Die heilige indische Basilikumpflanze.

Vasana: Latente Tendenzen und subtile Wünsche, die sich als Gedanken und Handlungen manifestieren.

Vishnu: Gott in der Form des Erhalters des Universums, der harmonisierende Aspekt der Trinität von Brahma, Vishnu und Shiva.